U0630884

本书场景部分内容受国家自然科学基金面上项目
“基于领域适应算法的人机协作学习能力泛化关键技术研究”（批准号：62277002）支持。

本书技术部分内容受国家重点研发计划项目
“互联网教育应用的行为感知与风险监测关键技术研究”（2022YFC3303500）支持。

本书机制部分内容受教育部-中国移动科研基金（2020）研发项目
“人工智能条件下的教育实验研究”（MCM20200404）支持。

人工智能教育社会实验

场景·技术·机制

童莉莉　著

教育科学出版社
·北京·

出 版 人　郑豪杰
责任编辑　王　瑞
版式设计　京久科创　杨玲玲
责任校对　贾静芳
责任印制　米　扬

图书在版编目（CIP）数据

人工智能教育社会实验：场景·技术·机制 / 童莉莉著. —北京：教育科学出版社，2024.3（2024.7重印）
ISBN 978-7-5191-3859-2

Ⅰ. ①人… Ⅱ. ①童… Ⅲ. ①人工智能—应用—教学研究 Ⅳ. ①G434

中国国家版本馆CIP数据核字（2024）第071989号

人工智能教育社会实验：场景 · 技术 · 机制
RENGONG ZHINENG JIAOYU SHEHUI SHIYAN：CHANGJING · JISHU · JIZHI

出版发行	教育科学出版社		
社　　址	北京·朝阳区安慧北里安园甲9号	**邮　　编**	100101
总编室电话	010-64981290	**编辑部电话**	010-64981280
出版部电话	010-64989487	**市场部电话**	010-64989009
传　　真	010-64891796	**网　　址**	http://www.esph.com.cn
经　　销	各地新华书店		
制　　作	北京京久科创文化有限公司		
印　　刷	唐山玺诚印务有限公司		
开　　本	720毫米×1020毫米　1/16	**版　　次**	2024年3月第1版
印　　张	13	**印　　次**	2024年7月第2次印刷
字　　数	161千	**定　　价**	60.00元

本书研究项目组

项目总指导：黄荣怀

项目牵头人：童莉莉

项目组成员：底颖、焦艳丽、何粉霞、李梦缇、林春艳、张晨

注：以上成员为北京师范大学的教师、访问学者或职工。

新兴区域的教育数字化转型需要准确到位的理念支持、优质实用的资源供给、稳定可信的技术服务。我们充分重视了家庭、学校联动作用的发挥，关注了线上线下融合教学环境对学生身心健康发展的作用路径。期待有北京师范大学这样长期稳定的团队与我们共同关注雄安基础教育领域的教育场景治理实验的新进展。

——河北雄安新区

民族地区的乡村教育治理能力提升挑战多多，要兼顾现有较为薄弱的基础，并融合民俗文化的多元需要。我们已经探索了民族师资力量重点培养、数字教育智能应用深度支持校园教学等方式方法，希望在教育社会实验的领域中探索出好的政策机制、治理经验和技术实现方案。

——宁夏回族自治区

入选教育特色型国家智能社会治理实验基地以来，东城区在英语学科教学、师资轮岗等领域做出了大胆探索，并积极开展个性化在线学习空间等数字技术赋能教育的新尝试。在前沿技术深度融合和机制凝练方面的教育治理能力提升不会一蹴而就，抓实抓好育人规律、技术基础、机制联动，我们有信心在教育社会实验中解决真问题、总结好经验。

——北京市东城区

坐落于古都开封的职业院校，注定拥有不一样的特色，也有着开展教育社会实验的良好先天基础。我们以学校为核心实验场、以学科差异化建设为主要实验技术手段，将水利治理实验、线上线下教学实验、校企联合培养实验融合推进。感谢北京师范大学团队的持续关注支持，期待在长周期的教育社会实验中不断携手迈上新台阶。

——黄河水利职业技术学院

广州市作为多个省部级教育实验区域的所在地，拥有良好的师资基础、扎实的智能技术力量、前沿的治理理念支撑。更有特色的是，南沙等区域的基础教育领域治理探索已经积极地输出东南亚及更广泛的区域，为中国的教育国际影响力做出了自己的贡献。

——广东省广州市

教育，不仅是教书育人，还有其政治和经济效能。我们的学校既是教书育人的主阵地，也是国际文化交流的重要载体——开展爱国主义教育、激发文化自信，并积极融入时代发展浪潮，启用智能技术手段同步接入优质资源、提升校园教学质量、丰富课余生活……。感谢北京师范大学团队对边远学校的持续关注与稳定支持，期待在教育社会实验中，学校能有更多的参与感和获得感。

——黑龙江省七台河市

目录

第一章

绪论

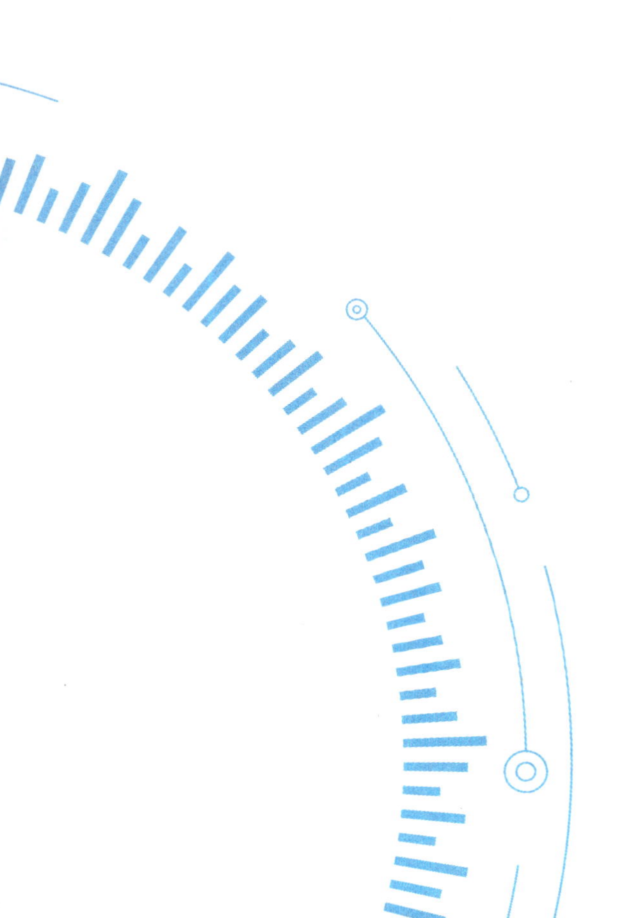

2021 年 12 月，中央网络安全和信息化委员会印发《“十四五”国家信息化规划》(以下简称《规划》)，对我国“十四五”时期信息化发展做出了部署安排，明确提出建设社会治理大数据与模拟推演科学研究平台，开展人工智能条件下的社会治理实验。《规划》在“人工智能社会治理实验工程”专栏中进一步要求：“开展教育社会实验。研究人工智能对教育模式和教育对象的影响，探索人工智能融入教育对社会的影响。”这是基于当前人工智能给教育带来全方位影响与变化的形势做出的重要决策。

自 2019 年教育部确立实验指导单位、实施单位和实验区域以来，教育社会实验工作已历经 4 年的一线场景汇聚、智能技术应用迭代，正积极迈向治理机制凝练、政策标准研制的新阶段。

本章就教育社会实验的主要目标、方法体系、重点问题、实施路径四个方面进行简要介绍，为构建教育治理现代化的可持续实验支撑体系做好科学设计基础。

第一，教育社会实验的主要目标。

教育社会实验是人工智能社会实验专项工作的组成部分之一，按照《中华人民共和国国民经济和社会发展第十四个五年规划和 2035 年远景目标纲要》(以下简称“十四五”规划)关于加快数字化发展的重要部署，要在教育、民政、生态环保、卫生健康、市场监管、体育等领域先行开展智能社会运行模式、法律法规、标准规范、政策体系、体制机制的超前探索。

当前，以人工智能为代表的战略性技术正推动人类从工业社会向人机协同、跨界融合、共创分享的智能时代迈进。物理空间、信息空间和社会空间[①]在数字技术的驱动下更加深度协同：可以跨空间感知、传输和计算数据。《中国教育现代化 2035》《一起重新构想我们的未来：为教育打

① 陈丽，徐亚倩．“互联网 + 教育”研究的十大学术新命题 [J]. 电化教育研究，2021，42 (11)：5–12.

造新的社会契约》等国内外文件均明确指出，数字技术具有巨大的变革潜力，应积极推动人工智能技术与教育深度融合。然而，它也隐含着数据风险、伦理安全、算法偏见等一系列“盲点”问题[①]，使得教育系统呈现出快节奏变化、不确定性、长周期效应、边界模糊等复杂特征。

在此背景下，教育社会实验的主要目标可以在六个方面落地。

一是搭建一批智能时代教育治理典型应用场景。如师－机－生智能教学课堂、多校联动教师研修、智慧平安校园、数字教育应用风险治理、教育培训市场规范、馆校资源共享、多主体协同双减课后服务等。

二是总结形成教育治理的经验规律和理论。凝练教育社会实验的方法体系，探索人工智能技术引发的积极效应，如更具体验感的五育资源，更宽口径的家校社联动等良性运行规律，规避伦理道德、安全法律等潜在隐患的有效经验，等等。

三是出台一批智能时代教育治理的标准、规范和政策措施。在2022年教育部发布的《教师数字素养》标准基础上，参照数字化意识、数字技术知识与技能、数字化应用、数字社会责任、专业发展等维度的发展需要，推进各类型数字教育产品的校园准入规范、各级各类学校的数字化校园规范等标准与政策方面的成果产出。

四是完善适应智能时代教育治理的体制机制。结合前述探索，提出教育数字化治理流程新模式，建立适应智能技术深度融入教育及社会生产的现代化治理机制。

五是打造一批智能时代教育治理的示范和样板。要在2021年中央网信办等八部门发布的19家国家智能社会治理实验基地－特色基地（教育）的创建工作基础上，加强与综合型实验基地、卫生健康、体育、社区治理等多样态治理示范区域的横向交流，推进高质量教育体系建设过程中的超

① 苏竣．开展人工智能社会实验 探索智能社会治理中国道路［J］．中国行政管理，2021（12）：21–22.

前探索效应显性化。教育领域已在“人工智能条件下的教育社会实验”等全行业学术研究和工作推动的基础上，探索智能时代教育治理的关键路径和可推广路径。

六是助力教育治理体系和教育治理能力现代化建设。党的二十大报告中对社会治理明确了两条建设路径：一是健全社会治理体系，二是健全共建、共治、共享的社会治理制度。教育治理作为社会治理的重要基础组成部分，也需通过长周期、宽口径、多学科的社会实验指导，促进自身体系加快健全，为社会其他领域的发展夯实基础。

第二，教育社会实验的方法体系。

根据《现代汉语词典》第七版的定义，实验是为了检验某种科学理论或假设而进行某种操作或从事某种活动，试验是为了察看某事的结果或某物的性能而从事某种活动。两者比较而言，实验是对抽象的知识理论所做的现实操作，用来证明理论正确或者推导出新的结论；试验是对事物或社会对象的一种检测性操作，用来检测正常操作或临界操作的运行过程、运行状况等。试验都是实验，实验比试验的范围宽广。

在一般概念体系中，自然实验指一种受试个体（群体）被自然地或受到其他非观察者控制因素影响而暴露在试验或控制条件下的试验研究方法。社会实验（social experiments）是为了解决文化、政治、经济及其社会、自然问题，而在其对应的科学研究中用来检验某种新的假说、假设、原理、理论或者验证某种已经存在的假说、假设、原理、理论而进行的明确、具体、可操作、有数据、有算法、有责任的技术操作行为[①]。

在从科学视角讨论相关定义的同时，也有学者从道德伦理的角度阐述社会实验的方法构成。比如，认为社会实验是一种检验特定政治、经济、科技因素被引入真实社会情境所产生的效应的经典方法论，是一种道德上

① 邓宁. 社会科学中的自然实验设计：一种基于实验设计的方法 [M]. 北京：商务印书馆，2022.

判断社会引入新兴技术的审视框架[①]。

从主观感知到越来越需要科学量化的方法体系支撑，教育社会实验也经历了从基础摸索走向科学范式的过程。顾名思义，教育社会实验聚焦于教育领域的问题，即在教育实践的基础上，研究人员能动地探究教学活动，发现和认识教育教学规律的过程。还有研究者认为，教育社会实验是教育实验社会化的过程[②]，是教育理论、经验从认知向实践深化的过程，关注系统化、多元化、宽领域的教育实践活动。在近 5 年的一线调研、学科教学和国家级科研探索中，笔者团队认为教育社会实验是社会实验在教育领域的学科分支和应用分支，我们将其定义为：以育人目标为导向，旨在通过有设计、有控制的实践，识别家庭、学校、社会等场景下的因素差异对学习行为、人格塑造的改善路径。不同于常规的调查研究，教育社会实验能够对大规模样本、多样态数据、多场景内容进行采集和分析，提炼形成更高信度和效度的教育规律，是破解教育场景复杂、教育评价片面、教育成效不尽如人意等困境的关键，为教育治理体系现代化提供了新的保障和探索空间。

教育社会实验在社会实验的整体研究路径中不断向理论建构和实践应用两个方向发展。在理论建构方面，根据实验中相关情境因素引入的程度，社会实验又进一步细分为“自然的”“框架的”和“人为的”。自然实验是指在自然发生环境下展开且受试者不知道自己在参加的一类实验；框架实验是指在受试者知情同意的情况下，设置并开展真实情境下的实验探究；人为实验与实验室实验类似，通常在真实环境的模拟化场景中进行。在实践应用方面，社会实验注重多元“证据素材”和“循证手段”的使

① 俞鼎，李正风．论“社会实验”的特征及其伦理建构路径［J］．自然辩证法通讯，2022，44（11）：84–92.

② 逯行，黄荣怀．智能时代的教育改革：教育社会实验的演化及其价值回应［J］．清华大学教育研究，2022，43（1）：42–54.

用。证据是指能够为结论提供依据的内容，包括样本规模、数据内容、案例等；循证是指观察和设计辨析凭据的具体实验过程。另外，社会实验开展的环境和文化氛围具有地方性特征，因此实验结果往往存在创造性，循证手段为揭示同一现象背后的规律与本质提供了可靠路径。

教育社会实验为教育实践探究提供了重要抓手，为准确把握教育变革的规律和机制、应对智能时代教育新需求提供了循证的理论支撑。

第三，教育社会实验的重点问题。

随着技术与社会的交互程度不断加深，技术的不确定性带来的问题与风险越来越明显。为解决教育实际问题，满足人工智能融入教育的新需求，各级各方应以教育社会实验为载体，将技术引入真实的教育情境中，研判新技术存在的潜在风险和危害，挖掘技术优化的路径，提升风险治理水平。

智能时代亟须通过实验手段改善的问题主要聚焦在三个方面。其一，学生运用智能软件学习时存在学生成长数据无序扩散的现象，算力网络与教学平台的对接尚需磨合，智能算法设计会引发惰化学生思维等问题，计算机智能发展与学生认知规律匹配成为人工智能教育应用的根本性需求。教育社会实验通过对不同学科、不同学段的学生开展大规模、长周期的观察与研究，能够更加精确地挖掘影响学生认知发展的原因，为技术开发主体和使用者提供优化建议和策略。其二，数字技术驱动下各年龄段学习者对灵活的学习时空、生动有趣的资源形式提出了更高的要求，因此，为学生群体提供更加实用的学习活动、更加便利的时间和场景是提升教学成效的关键。教育社会实验通过开展多学科、宽口径的协作实验，为学校、科技场馆、家庭等多主体之间的协作提供了合作方案和路径。其三，面对个人信息滥用、教育数据泄露等数据安全和应用伦理问题，“技术向善”成为当今时代的召唤，兼顾技术的发展性与教育的安全性协同，是智能时代教育可持续发展的基础和保障。教育社会实验在保证受试者知情的前提下，能够客观还原人工智能融入教育后发生的教学模式新变化、技术应用伦理隐患等情况，为问题寻源和解决提供依据。

第四，教育社会实验的实施路径。

教育社会实验的核心价值是以学生为中心、促进学生全面发展。在继承和发展社会实验“控制—对照—比较”研究逻辑的基础上，教育社会实验的开展主要围绕“实验目标—环境组织—方法体系—测量工具—应用反馈”五个环节来落实。①实验目标：目标是整个实验开展的依据和根本，需从本地教育实践中出现的重大实际问题出发，选择并确定研究的主题。②环境组织：社会实验具有“情境性”，因此需要根据实验目标搭建合适的实验场景。将教育现象放在具体的文化、宗教、语言等背景中，设计并组织与教育环境相适应的实验设施、实验场景等。③方法体系：实验需要依托合适的方法开展，结合实验对象的特征和实验目标，选择观察法、数据分析法、访谈法等收集多模态的研究数据。④测量工具：工具是实验开展的具体支撑，可以运用结构方程模型、信息传播模型和智能算法集等分析训练数据。⑤应用反馈：实验的最终目的是落实育人目标，因此，通过实验探究形成面向学校、家庭和社会的方案建议和优化机制是研究旨归。

第二章

教育社会实验方法论

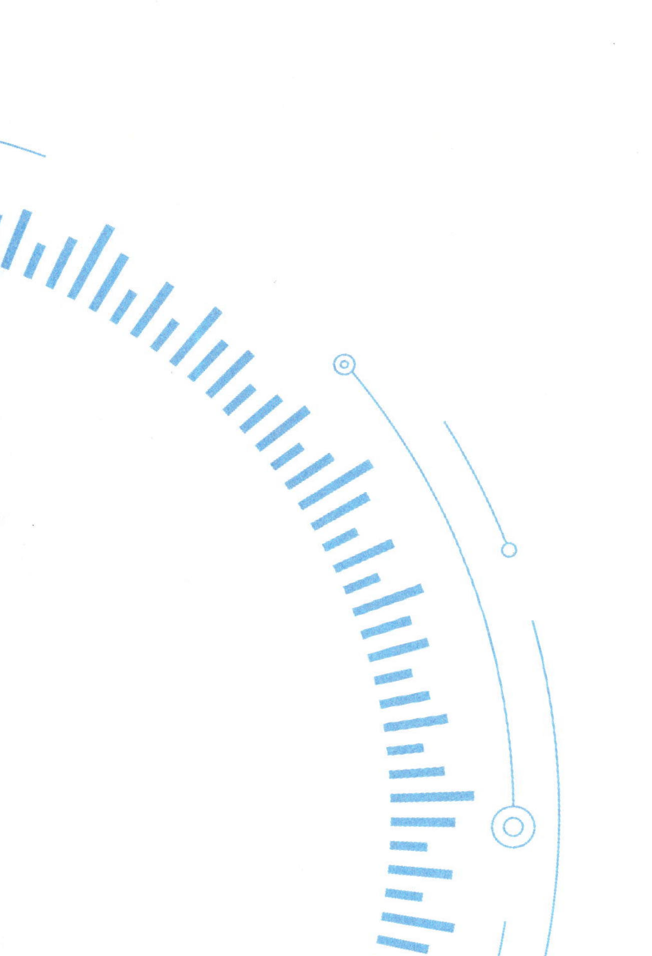

第一节　社会实验

一、内涵

实验基于因果关系的可操作性或活动理论，通过引入一种干预来判断某一方式是否会对结果产生影响。英国哲学家培根认为，只有实验法才能给科学以确实性。实验法建立在“控制—对照—比较”的基础上，形成了社会实验、实验室实验、计算实验、思想实验四种不同类型的方法体系。不同于其他三类实验方法，社会实验发生在真实的社会情境下，能够对税收结构、退休政策、医疗补助、教师轮岗制等多个领域的难点、热点问题进行研究[①]，可以有效控制干扰实验结果的偶然因素、混淆因素，提高测量的精度，保障因果推理的准确性，具备长周期、宽区域、多学科协同的特点。

社会实验方法最早源于医学研究，美国新泽西州的实验被视为经济学等社会科学领域社会实验的开始。早期社会实验通常以弱势群体为研究对象，如公共援助人员、失业工人，通过设置干预措施（教育、培训、就业安置）来增加弱势群体的收入[②]，提升其生活质量。亨利 · W. 里肯（Henry W. Riecken）将社会实验定义为：一种或多种治疗（程序），是对正常社会

---

① GREENBERG D H，SHRODER M，ONSTOTT M.The social experiment market[J].Journal of Economic Perspectives，1999，13（3）：157–172.

② GREENBERG D H，SHRODER M. Digest of Social Experiments[M].2nd ed.Washington，D.C.：Urban Institute Press，1998.

过程的干预，即从特定的人群中随机选取一组人进行观察和测量，以了解接受干预和不接受干预的群体在某些方面的差异。①

现如今，大数据、物联网、人工智能等新一代信息技术已成为各行各业生产发展的重要支撑，正促使社会运营方式、经济发展模式、实验研究范式等进行发展性变革。作为一种规划和评估社会干预的方法，社会实验有了更完善的内涵，它关注随机实验作用于社会改善的可行路径和影响路径，为探究社会发展规律、寻找问题解决方案提供新方向；具体而言，社会实验通过对某一社会政治过程或技术变革进行长期持续的观察和研究，分析和挖掘出真实社会现象中潜在的规律。

二、基本原则

社会实验发生在复杂的社会环境中，涉及多种可变因素，无法像实验室实验一样做到对环境的完全控制。为了使社会实验顺利进行，保障实验的科学性、严谨性和可操作性，需要对整个实验的生命周期进行规划和管理，包括实验环境的搭建、实验对象的选取、实验数据的采集与处理、实验结果的分析与解构等。因此，社会实验需要遵循以下五大原则。

随机分配 随机性是保障实验效果的最关键因素，可以有效排除人为干扰，得到更具普适性的结论。如果对数据进行分组时，无法保证样本的随机分配，将无法保证影响实验结果的因素为关键因素，因为分组带来的差异可能也会直接对实验结果产生影响，所以只有严格做到样本的随机性，才能保障数据的内部效度。例如，根据姓氏字母顺序、报名表的填写时间等不会对实验结果产生影响的机制对样本进行分组。

① RIECKEN H W. Social Experimentation [J].Society，1975，12（5）：34–41.

科研伦理 伦理是维护和谐、融洽的社会关系所必须遵守的准则①，所谓科研伦理则是规范科学研究中的行为动机、行为过程、研究结果等环节的标准和规章②，是当代核心价值观和立场的体现。在关注科学贡献的同时，也要考虑道德后果，做到不“欺负”参与研究的人和动物。

知情同意 根据鲁思 · R. 法登（Ruth R. Faden）的观点，作为受试者的基本权利，知情同意是指受试者拥有做出明智选择的足够信息，以确保有效实施其自主决定权③。因此，在社会实验中，需要受试者明确表示自愿同意参加并签署知情同意书，以保证受试者的自主权和话语权。如果受试者不同意将自己的信息用于科学研究，那研究者对数据进行分析时应该剔除此部分信息，严格维护受试者的权利。

价值中立 做到价值中立的关键是区分事实和价值，研究主体要抛离自己的非认知需要④（道德、实利、信仰、炫美等），以考察、探究事物的本质为目的，得到真实的、有据可依的正确知识。所以在对社会现象观察、探索和解释的过程中，要“不偏不倚”，摒弃价值观和个人好恶，只有永远保持客观、严谨的态度，才能探索出事物发展的“本真”规律。

第三方立场 要保障实验工作的独立性、科学性，站在第三方的角度去观察主体，做到实验结果的公正、准确，不受行政、商业等可能对实验质量产生不利影响的因素的干扰。要求研究者跳出自己固有的思维框架，将自己从实验中抽离出来，从第三方的角度审阅并分析研究设计是否合理、研究方法是否正确、研究结果是否客观等，更加全面地保障实验的客观性。

---

① 邹渝 . 厘清伦理与道德的关系 [J]. 道德与文明，2004（5）：15-18.

② 詹颂生 . 试论当代科技伦理体系的构建与创新 [J]. 岭南学刊，2014（4）：118-123.

③ FADEN R R，BEAUCHAMP T L. A history and theory of informed consent[M]. New York：Oxford University Press，1986.

④ 刘清平 . 价值负载、价值中立和价值重载：人文社会学科的构成和使命 [J]. 兰州学刊，2021（1）：5-14.

三、实验类别

不同场景下的实验具有不同特点。因此，根据社会实验的操作方式和实验环境，可以将社会实验划分为自然的社会实验（natural field experiment）、人为的社会实验（artificial field experiment）、框架的社会实验（framed field experiment）以及互联网社会实验（internet field experiment），这些实验方法是检验社会科学研究中因果关系的重要手段。

自然的社会实验 一种发生在自然环境中随机控制的实验，通过设置人为的干预，对受试者自发的行为、表情、语言等进行观察和记录，但受试者不知道自己处于实验之中，这样不仅可以避免“霍桑效应”和“约翰·亨利效应”，还可以保障实验的内部效度。例如，为了研究影响人们诚信程度的因素，在两个大型商城的路上随机放置装有纸币的透明钱包（一个里面为 10 元，一个里面为 100 元），观察并统计捡到钱包并主动上交的人数。

人为的社会实验 实验在模拟的环境中进行，通过布置高度逼真的实验环境来保障实验的外部效度，实验场景的设置与实验室实验大致相同。受试者知道自己处于实验研究中，研究者将受试者带入实验情境中，并通过激励的、诱导的干预措施，研究受试者在某一方面的行为和表现。比如设定一个定价机制，通过一个随机兑现的程序诱导出受试者的风险态度。

框架的社会实验 在真实情境中发生，受试者知道自己处于实验场景中，根据实验设置的人为干预做出反应和选择，该实验保障了受试者的“知情同意”的基本权利。比如通过调节德清某公路上真实的智能驾驶汽车的速度，来观测受试者认知或态度的变化。

互联网社会实验 基于网络世界的新型社会科学研究方法，符合理论先行、自然发生、随机分组、高度控制、外部干预[①]等基本要求，对网络世界中的社会现象进行观察、分析和预测。基于互联网的社会实验可以有效利用数据收集的便利性和即时性对多个因素进行综合考察研究，计算多个因素之间的交互效应，挖掘更多隐藏在数据中的规律。例如，探究信息发送方式对用户参与行为的影响，并在此基础上研究信息内容对用户行为的影响。可见，互联网社会实验可以在更短的时间内，收集更多的数据，进行多维度的分析。

四、理论基础

任何方法的产生都需要理论的支撑和实践的检验，方法是理论的简化和凝练，是实践的指导和再现，是连接理论和实践的桥梁。在经典理论和经验中总结出的理论能够保障方法的可靠性，在实践中不断运用能够使方法更加完善。社会实验是在以下的理论基础上形成的。

因果关系理论

因果关系即找到影响结果的原因，挖掘自变量对因变量的影响。社会实验会根据理论假设构建出一条因果关系路径，通过分析实验对象的“前测”与“后测”来判断干预发挥的作用，或者将实验组与对照组进行比较分析，得出干预的实际效果，最终得到“如果 *X*，那么 *Y*”的结论。但托马斯 · D. 库克（Thomas D. Cook）等认为，现实世界是非常复杂的，各个要素之间存在着密切的关系，无法从中直接抽出存在因果关系的变量，无

① 郝龙 . 互联网社会科学实验：数字时代行为与社会研究的新方法 [J]. 吉首大学学报（社会科学版），2018，39（2）：26–34.

法得到完全确定性的结果[①]。因此，实验得到的因果关系有一定的适用范围，为了得到更加可靠的结果，使结论有更广泛的适用性，需大范围、重复性地进行社会实验探究。

分类理论

经典的分类理论认为，如果一个实例具有一个类的所有固定属性，那么它属于该类。分类是按照一定的规则将不同事物划分为不同的类别，而社会实验正是对多种现象进行分类和归纳的过程。面对海量的数据，研究人员按照科学的分类标准将具有同质性、相似性的数据划为同一个属性，按照属性的特点设置相应的干预并得到结果。例如，测试学生的信息素养对学习成效的影响，需要研究人员预先对信息素养进行定义，说明学生怎样的行为或特点是信息素养的体现，明确规定学生的成绩、合作能力、技能等达到什么程度，对应什么等级。

内部效度和外部效度

有学者认为早期因果推论得出的结果是不可靠的、低质量的，提出利用内部效度和外部效度来保障因果推断的可信度。[②] 其中，内部效度用来检验两个变量之间是否具有因果关系，反映了实验结论的真实性。还有学者认为混杂、测量偏倚和选择偏倚、抽样误差和政策、项目干预都会影响效果变量的变化，只有排除前三种情况，才能得到更加可信的结果[③]。外部效度则代表因果关系可以在不同的环境、时间、人群中推广的程度，影响外部效度的因素通常为受试者的个人特征、实验方法、文化差异等。任何

---

① COOK T D，SHADISH W R. Social experiments：Some developments over the past fifteen years[J]. Annual Review of Psychology，1994，45：545-580.

② 同①.

③ HENNEKENS C H，BURING J E. Epidemiology in medicine[M].Kentucky：Lippincott Williams & Wilkins，1987.

研究都是在特定的环境下进行的，如果某一研究在不同的研究对象身上均呈现出同一结果，那就说明该实验有很好的外部一致性和可推广性。

控制干预理论

实验是一种研究者控制干预并能主动操纵的试验[①]。是否存在“干预”也是实验和观察性研究的区别标准，前者通过设计多种控制变量来判断关键变量之间的因果机制，后者通过观察、统计和分析来得出实际现象和结果。与实验不同的是，观察性研究可以得出 X 会对 Y 产生影响，但不能判断 X 是否总能对 Y 产生影响，实验则能够对 X 与 Y 之间的因果关系进行详细解释，并分析 X 对 Y 的影响效果有多大。干预可以提高实验的效率，直接对 X 与 Y 之间的关系进行检验，不需要对多种假设一一分析；另外，通过干预还可以创造出自然情况下无法形成或难以再现的环境和状态，为解决问题提供多元策略[②]。

五、实验方法

社会实验往往与我们关注的问题有关，在进行实验之前需要研究者设计一个可以评估的模型，用以判断某一干预是否达到了我们假设的目标[③]，为了检验实验效果，通常有两种方法：一是对比受试者实验前和实验后的数据，二是设置实验组－对照组观察实验结果的差距。

---

① HEILMANN S. From local experiments to national policy：the origins of China’s distinctive policy process[J]. The China Journal，2008（59）：1–30.

② 刘军强，胡国鹏，李振．试点与实验：社会实验法及其对试点机制的启示 [J]. 政治学研究，2018（4）：103–116，128.

③ 肖鹏，王志刚，聂秀东．社会实验：一种新的公共政策评估方法 [J]. 统计与决策，2009（20）：140–142.

第一种方法通过对比同一主体实验前后的行为和结果，得出干预是否发挥作用的结论。例如，调查某一教学策略是否会对学生的成绩产生影响，首先对学生进行前测，判断学生的知识掌握程度，然后实施一定的教学策略，最后对学生进行“后测”，通过将前测结果与后测结果进行对比，可以判断出教学策略对学生学习的影响。

这种方法较为简单，易于操作，但同时也存在一些问题。因为其前提假设是：没有干预时出现A，发生干预后出现B，即B与A之间的差距全部是由干预引起的，但当外部环境因素同时发生变化时，同样会导致B变化，因此无法保证B仅仅是由干预引起的。例如，通过对失业的人提供救助计划来帮助他们，研究发现随着救助时间的增长，人们的救助金额不断下降，这似乎表明救助计划是有效的；但同时对那些有资格加入救助计划但是没有参与到该计划中的人进行研究发现，他们的救助金额同样随着时间的增长而减少，这就表明救助金额的下降很大程度上并不是因为参与了救助计划，而是因为外部经济环境的好转。因此，单纯对某一对象的前后情况进行对比，并不能准确地说明干预是否真正发挥作用，需要运用更加严谨的方法：设置实验组和对照组，即第二种方法。

第二种方法在科学研究中运用得特别普遍，具有较好的可靠性。实验组是设置了干预的组，要对实验自变量进行处理，对照组则不做任何处理。两组要做到除自变量外，其余无关变量保持一致。利用实验组自变量的前后变化减去对照组自变量在实验前后的变化，就可得到干预的作用结果，这一结果代表计划或策略的实际影响，这种方法被经济学家称为“二次差分法”。

第二节　社会实验方法体系

一、方法体系的由来

在长期的发展历程中，实验通过重现情境并验证某一事物的真实性和科学性，逐渐发展成为一门检验科学假说的研究范式，伴随着社会生产力的发展，李比希（Justus von Liebig）意识到实验室里小型的“人工世界”是局限的，无法与社会发展节奏相适应，因为人们通常站在自己的立场上搭建实验室，会理所当然地将自认为不合理的、错误的因素排除在外，最终形成一个基于自我立场的实验结果①。而实验的目的在于还原现实、反映现实和预测现实，因此，实验需要与现实社会相结合。这为社会实验的产生奠定了基础。

随着社会制度的不断变革，并且依据生产发展的需要，亚当斯（Jane Addams）、帕克（Robert E. Park）、亨德森（Charles R. Henderson）等学者提出了社会实验的研究路径，即一方面采用自然科学的术语和方法；另一方面把观测研究的对象——社会环境、城市、社区、个人——的自然演进看作一个实验过程，研究者通过对这种演进过程进行观察记录和对比分析，从而更好地理解社会是如何“运作”的。到了20世纪20年代，有学者提出社会实验要基于真实的环境，遵循随机性、重复性和干预控制的基本原则，为保证研究的内部和外部效度提供了条件。

现如今，社会实验的研究范围是整个社会系统，因此要运用系统论的

① GROSS M，KROHN W. Science in a real-world context：constructing knowledge through recursive learning[J]. Philosophy Today，2004，48（5）：38–50，123.

方法对社会实验进行分析，用系统的方法来考察各个部分。系统是由元素和关系组成的，关系是指系统内元素与元素间的关系和系统与系统间的关系[①]，社会实验作为研究社会系统的工具和方法，同时它本身也是由多个要素构成的一个相对独立的系统，例如研究背景、研究工具、研究主体等，这些要素以及彼此之间的相互作用，构成了社会实验这个独一无二的整体。

二、社会实验方法论

基于循证的方法体系是保障社会实验可复制性的关键所在，它反映着实验的本质，体现着实验各个要素间的内在联系，是社会实验的抽象框架，更加精炼、深刻、全面地代表着社会实验。根据社会实验的开展过程，可将其划分为研究背景、研究方法、研究数据和研究结果四个部分，每一个环节的顺利实施都需要遵循一定的规则和方法。

首先是研究背景。依据实验所处环境对活动主体及其个性特征、文化氛围、经济发展程度等一系列信息进行收集，再综合相关信息，对活动的情境进行全面系统的描述，为实验的开展奠定基础。因此，研究背景的方法可归纳为分析背景。

其次是研究方法。采用适切的研究方法可以达到事半功倍的效果：如果不能准确地测量出研究数据，就很难得到真实的结果。常见的研究方法可以分为定性研究方法和定量研究方法，包括观察法、问卷法、访谈法等；而循证法依据“明确的证据定级标准和相对固定的实施步骤”[②]，成为

① 赵文华. 高等教育系统论［M］. 桂林：广西师范大学出版社，2001：3-4.

② 杨文登. 循证教育学理论及其实践：以美国有效教学策略网为例［J］. 宁波大学学报（教育科学版），2012，34（4）：5-10.

社会实验研究的重要方法。循证法以证据为核心，结合一定的理论对研究问题进行界定，通过对证据进行规范化处理，为提炼并分析现象背后的规律做准备，引导实践研究向科学化方向发展。因此，研究方法可归纳为循证手段。

再次是研究数据。对大量数据进行梳理和分析是研究最为关键的一个环节，选择哪些数据、如何处理缺失值、怎样划分数据等级等都需要纳入考虑范围。在保证数据信度和效度的基础上，运用 SPSS、AMOS 等数据分析软件进行数据的基本描述统计，构建结构方程模型、多元线性模型探究各个因素之间的相关性、因果性。因此，我们将分析研究数据称为证据表征。

最后是研究结果。对研究得到的结论进行系统的总结，通常以文字、图表的形式直观呈现，以便其他研究者阅读和学习。呈现研究结果不仅要对整个实验过程进行梳理，还要明确解释实验结果的由来，做到证据与结果环环相扣、层层递进。研究结果作为实验本身和外界交流的中介，承担了一个新的身份——表达传递。

综上所述，社会实验方法论可以概括为背景、循证、证据和表达四个方面，如图 2–1 所示。

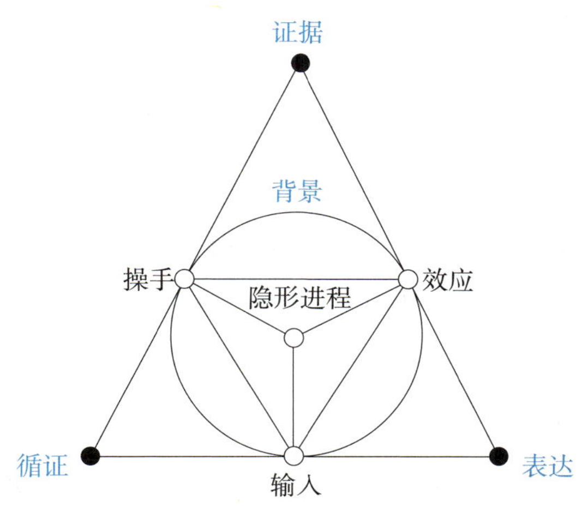

图 2–1　社会实验方法论

三、社会实验步骤

爱因斯坦在“对美国加利福尼亚理工学院学生的讲话”中提出，关心人的本身，应当始终成为一切技术上的奋斗的主要目标。技术的目的是服务于人，造福于人。面对人工智能技术在应用过程中出现的哲学伦理、公共治理等方面的问题，社会实验为其提供了新路径，在方法体系的支撑下，社会实验可分为以下六个实施阶段。

组织推动　以发展需求为导向，以解决问题为根本，结合各地区、各领域的特色和人工智能技术应用的实际情况，在基础设施较齐全、发展潜力较大的地区建设人工智能社会应用场景，如城市大脑、智能医疗、智慧交通等，这些场景具有很好的代表性和创新性，是社会未来发展形态的映射。

实验对照　实验组和对照组是分析因果机制的关键，所以在设置实验时要注意以下几点：一是满足平行假设，在理论研究的基础上，设置科学的平行假设，满足除对照变量不一致外，其他无关变量保持一致的条件；二是设置关键差异变量，只有通过差异变量，才能对比测量出影响实验结果的因素，差异变量是干预在实验中的体现。

科学抽样　随机抽样是实验法的基本要求，是保障样本信度和效度的重要手段。随机抽样过程中，每一个样本被抽中的概率都是相同的。所以实验时要设置一个科学的抽样机制，关注到“边缘群体”和“弱势群体”，为他们提供足够的关怀和帮助。

伦理审查　人工智能技术在给生活提供便利的同时，也带来了许多不确定性。例如，在实验研究的过程中泄露受试者信息、以不正当的手段影响受试者作答、强迫或引诱受试者填写特定答案等，这些现象严重违反了伦理规则，破坏了实验结果的科学性。因此，实验时要加强对各个环节的规范和监管，充分尊重受试者的自主权，做对社会有意义的研究，而非为了研究而研究。

数据采集　实验中会生成多种数据，不仅包括受试者性别、年龄、家庭情况等多个方面的信息，还包括组织规模、员工人数、收益等信息。因此，针对大规模的数据可以建立人工智能社会影响动态监测数据库，对数据进行标准化采集、汇总和入库。建立数据汇总和分析系统，进行数据资源和研究分析结果的交流共享。

治理反馈　研究的目的在于剖析问题，并提出社会治理建议。反馈是对研究内容的系统梳理，包括研究现状、存在问题、措施改进、建议等内容，目的是为相关部门提供参考性建议和策略。因此，反馈要遵循真实性、科学性、完整性的原则，以推动新技术在社会中的应用，促进社会的发展。

第三节　教育社会实验

一、内涵

伴随着新一代科技革命和产业革新，数据和技术不断融入人们的工作、生产、生活，为社会的转型和发展提供了源源不断的动力。目前，我国正处于向智慧社会转型的关键时期，经历着复杂性、不确切性、突发性、不稳定性等多种社会状态①，面对这种难以预测、琢磨、把握的趋势，需要经济、政治、教育、医疗等各行各业做好应急预案、制定稳定策略、做出长远规划，以确保复杂的社会巨系统平稳运行。

教育系统作为社会巨系统的重要子系统，站在新的发展节点，需要结合社会发展需求，主动求变应变，形成一套具有指导性、科学性、可实践性、可复制性的新体系。实现一场广泛而深刻的教育变革，是一个循序渐进的过程，不能一蹴而就，要统筹考虑全局，按照正确的路径有序推进。教育实践是指导教育系统变革的关键手段，与家庭、社会、学校等多个方面存在密切关系，受到多重复杂因素的干扰和影响。

教育社会实验作为一种新的研究范式，为新形势下的教育实践研究指明了方向。不同于传统的实验方法，教育社会实验针对自然环境下的某一教育现象、问题，运用循证手段探究具体的、真实的、动态的社会活动，在一定的文化背景下，设定适切的研究目的，通过案例分析、数据整理对

---

① 郑杭生，杨敏.社会实践结构性巨变的若干新趋势：一种社会学分析的新视角［J］.社会科学，2006（10）：109-115.

实验现象的基本情况进行梳理，结合环境要素、外部干涉、内在变量等解读影响实验结果的因素及其作用路径，进而提出切实可行的干预措施[①]。

二、主要特征

教育社会实验是探究教育现象中因果关系和教育规律的一种新方法，是由多种复杂因素构成的“整合包”，而并非只包含某单一理论。它需要遵循一定的逻辑范式：基于前人总结出的理论和实践分析出研究假设，在真实的教育场景中设置干预（最关键差异），剖析某一现象出现的原因，探寻变量之间的相关关系、因果关系。不同于传统的教育研究方法，教育社会实验有大规模的研究群体、多维度的样本数据、更高的内部和外部效度，其范式可以归纳出以下三个特点。

长周期的观察记录　传统教育研究通常采用问卷法、访谈法、观察法，考虑到人力、成本、实施方便程度等因素，整个研究持续时间较短，收集到的数据是被调查者某一时刻或者较短阶段的想法、观点、态度，样本数据的稳定性和准确性一般。而教育社会实验可以对某一教育行为过程或技术变革进行长周期的观察记录，能够收集所有与实验相关的群体特征、行为和表现，对不同阶段的数据进行横向研究和纵向调查，使样本更具有代表性。

宽口径的协同调查　传统教育研究的样本数量都普遍偏小，且只针对学生、教师群体展开调查，无法同时对不同相关群体开展观察和研究。相比之下，教育社会实验面向家庭、学校、社会三个场景下学生的学习行

---

① 黄荣怀，王欢欢，张慕华，等．面向智能时代的教育社会实验研究［J］．电化教育研究，2020，41（10）：5–14.

为、习惯养成、人格塑造等进行多维度观测，家庭、学校、社会共同参与实验研究，为学习场景搭建、学习资源供给、学习效果记录、因果机制分析提供全方位的帮助和支持，实现家、校、社协同育人。

多学科的数据分析 借助互联网优势，可以对学生学习过程中各个学科的数据进行实时记录。运用人工智能技术，能够实现对学生的正答率、思考时间、重复播放视频时间等细节数据的自动获取和分析，不仅节约了时间和人力，还得到了很多丰富的实验数据。另外，在多学科的数据基础上，还可以对学生知识的迁移能力、整合能力、创新能力进行综合测评。

三、实验类别

根据不同的分类标准，教育社会实验可以划分为不同的类别。从实施场景来看，可分为学校场景实验、家庭场景实验和社会场景实验等，在不同的场景中涉及的参与主体、设备条件、环境变量也存在差别。在学校场景下的研究对象为教师、学生以及教学管理工作人员；在家庭场景中的研究对象为父母、学生；在社会场景中的研究对象更广泛，包括学生、学校、家庭、社交网络关系以及博物馆、科技场馆等，参与主体更加多元化，实验场景更加复杂。结合教育活动的内在规律和社会实验的要素，可以将教育社会实验划分为四个类别（见表 2–1）。

表 2-1　教育社会实验类型与属性[①]

实验类别	说明	随机化程度	重复性	干预控制性
中间实验	指向已完成论证、尚未大范围施行的政策条例或技术方案的试点、测试工作，人为引入为主	中	高	高
探索实验	指向驱动因素成熟（如人才素养结构变化、智能技术涌入等）但其作用的过程及其终极效果不明确时的探索性工作，自然观察为主	高	高	高
对比实验	指向需依次探明所关心的变量及其作用强弱，最终汇集影响实验对象的所有变量，框架实验为主	高	高	高
协作实验	指向为了一个特定的目的和按照预定的程序所进行的跨主体合作研究活动（如居家学习指导、馆校协同活动等），人为组织为主	中	高	中

① 童莉莉，张晨，黄荣怀，等．教育社会实验：人工智能融入教育的研究新探索［J］．中国电化教育，2022（3）：62-68.

第四节　解构教育社会实验

毛泽东在《改造我们的学习》中讲，研究要摒弃主观态度，应当详细地占有材料，加以科学的分析和综合的研究。教育社会实验正是如此，从实际的教育实践情况出发，最大限度地搜集教与学相关的内在变量、外在变量、潜变量，挖掘出教育固有的而不是凭空臆造出的规律性，即找到教育各个要素之间的内在联系，为后续的教育实践提供行动向导。

一、实验目标

教育社会实验旨在揭示教育实践活动、现象最本质的“面貌”。在宏观层面，教育社会实验主要有以下三个目标。

第一，厘清新技术带来的社会影响和教育系统变革。

“自然科学技术在推动经济增长的同时，带来的是社会发展与经济发展、社会进步和人的发展的分裂和矛盾。”[①]不能将自然科学技术单纯地视为经济增长的手段，更不能让其成为人们谋取利益的工具，最终变成一场“拙劣的交易”[②]。我们要全面、正确地看待技术的作用，既要看到它带

① 陈先达．哲学社会科学的作用和学者的责任［J］. 中国社会科学，2004（4）：4–12，205.

② 格林伍德，爱德华兹．人类环境和自然系统：第 2 版［M］. 刘之光，等译．北京：化学工业出版社，1987.

动社会生产力发展的一面，也要重视它带来的负面效应，促进技术与社会的良性发展。在社会大环境中开展教育社会实验，可以观察技术在教学模式、评价机制、资源供给等方面为教育带来的便利性，同样也能够发现技术的滥用给个体、集体造成的困扰，如“一刀切”的测评体系触发了教育的价值、公平和安全危机，大数据的不规范管理造成了个人信息泄露，科学技术的不正当使用变成攻击威胁他人的工具等，这些都是待解决的问题。在长周期、大范围的教育社会实验中，我们可以真切地观察现象、剖析问题、解决问题，在实践中了解和熟悉社会，摸索教育变革的方向。

第二，分析人工智能技术应用可能产生的伦理问题。

任何事物都有两面性，人工智能技术亦是如此。现阶段我国处于高速发展时期，根据国家互联网信息办公室发布的《数字中国发展报告（2020年）》，截至2020年底，我国中小学（含教学点）互联网接入率达100%，其中98.35%的中小学拥有多媒体教室，运用电子白板、多媒体教室进行教学已逐渐常态化。教育部印发的《高等学校人工智能创新行动计划》指出，要加快构建高校新一代人工智能领域人才培养体系，运用人工智能精准评估教与学的绩效和智能评价。然而，在实际应用的过程中，机遇与挑战并存，人工智能面临着严峻的伦理风险，例如人与机之间的边界模糊、责任伦理与制度规范难以界定和追究、技术的工具理性与价值性失衡[①]等，这一系列的伦理风险都亟须预防和解决。为更进一步探究技术在具体教学中存在的伦理风险，需要通过教育实验剖析各个教学环节的规范性。是否存在安全风险的漏洞以及潜在的深层破绽，如个人信息泄露、教育评价不合理、形成过滤泡沫或信息茧房等，都是需要在实验中重点关注和考虑的问题。

① 张铤.人工智能的伦理风险治理探析[J].中州学刊，2022（1）：114-118.

第三，建构人工智能教育治理框架。

2019 年 5 月在京举办的“国际人工智能与教育大会”描绘了未来人工智能教育的发展蓝图，同时也指出要提升人工智能在教育领域的公平性、透明性和包容性，防止机器学习滥用个人数据，产生伦理、安全、隐私等方面的问题。因此，形成系统性、普适性、时代性、规范性的人工智能教育治理框架是解决问题的关键。教育社会实验通过开展多元主体共同参与和治理的探索路径，将已有的原则、准则和战略框架有效落地，能够在具体的治理案例中验证其合理性和可行性，挖掘潜在的风险并提出解决方案，推动社会成为一个合作共治的自组织系统。

二、开展路径

2020 年，联合国教科文组织（United Nations Educational，Scientific and Cultural Organization，UNESCO）发布《一起重新构想我们的未来：为教育打造新的社会契约》，指出“教学法应围绕合作、协作和团结等原则加以组织。它应培养学生的智力、社会交往能力和合乎道德的行动能力，使其能在同理心和同情心基础上共同改造世界。同时也要消除成见、偏见和分裂”。教育社会实验为教育的革新提供了新的方法和路径，按照实验开展流程，可以将其设计思路分为以下五个环节（见图 2–2）。

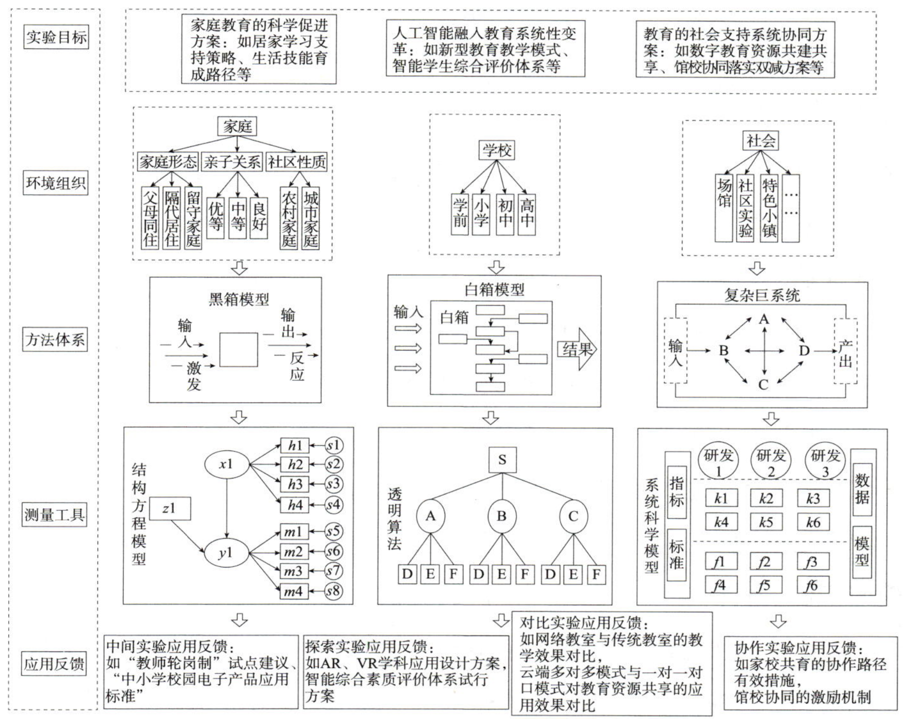

图 2-2　教育社会实验设计思路

实验目标　从社会层面来看，旨在搭建智能教育治理的典型场景库；出台智能教育治理的标准、规范和政策，助力高质量教育治理体系的形成；从学校层面来看，通过运用人机协同、教育 APP 等软件系统，探究算力与学生认知发展规律之间的耦合关系，让算法适应学生的学习习惯；从家庭层面来看，调查不同的生活方式、家庭结构、培养方式对学生成长成才的影响。

环境组织　“十四五”规划中明确提出“健全学校、家庭、社会协同育人机制”，教育是一个完整的系统，需要家庭、学校、社会三方协同参与，切不可认为教育只是学校的任务，削弱家庭和社会的价值。新形势下教育实践呈现出多主体、多场景的特点，体现在智能技术与学科的适配、认知差异对教学设计的影响、家庭结构对代际公平的影响、区域科技资源丰富度与青少年创新潜质之间的关联等[①]实验研究上。

方法体系 白箱模型适合于机制和结构完全明了的系统，所以常用于行政管理机制明确的学校。而黑箱、灰箱模型只有部分结构明了，仅知道输入和输出信息，适合相对私密的家庭场景，如提炼显性化家庭结构、半隐性亲子关系等。社会是一个由复杂的因素和关系组成的系统，需要运用复杂巨系统模型对多个因素之间的关系进行构建和分析。

测量工具 针对文字、图片、视频等海量信息，借助决策树、贝叶斯网络、逻辑回归、回归分析、聚类分析等智能算法对数据进行批量收集、筛选、归类和分析，挖掘自变量和因变量之间的关系模型，具体的测量工具有结构方程模型、系统科学模型、信息传播模型等。

应用反馈 任何研究都服务于需求，教育社会实验也不例外。在前期调研和分析的基础上，找到解决问题的可行路径是研究的意义所在。学校场景下的实验产出应解决的问题包括“数字教育资源选用标准”“中小学电子产品应用标准”等，家庭场景下的实验产出应解决的问题包括“智能时代代际公平策略”“家长学校建设方案建议”等，社会场景下的实验产出应解决的问题包括“馆校协同机制”“共享资源产权保护机制”等。

三、实验解构

（一）参与群体

在教育社会实验的框架下，根据不同的层级和组织，可以将实验参与

① 童莉莉，张晨，黄荣怀，等．教育社会实验：人工智能融入教育的研究新探索［J］．中国电化教育，2022（3）：62-68.

主体分为各级教育行政主管部门、教育研究机构、青少年学习者、学校教师和管理者、家长群体、智能技术方案提供商等六类，每一类参与主体从不同的立场出发，对教育社会实验有不同的期望和要求。

各级教育行政主管部门是社会实验的指导单位，在上位组织层面统筹把握实验目标的拟定、实施团队的管理、实验过程的组织、数据应用的科学性、实验结果的决策支撑等。

教育研究机构是社会实验的研究主体，关注实验方法体系的科学性和测量工具的精准度，是学理层面推进教育社会实验面向真实问题、迭代适切方案的实验设计者和实施者。

青少年学习者、学校教师和管理者、家长群体是社会实验的参与主体和应用主体，提供实验环境，接受实验指导，还原真实教育情境，关注实验提供的教育活动改进建议。

智能技术方案提供商是社会实验的参与主体和应用主体，提供智能教育社会实验所依托的底层数据、测度算法，接受实验指导，关注实验提供的智能技术改进方案。

（二）实验场景

在方法体系的支撑下，社会实验通过长周期的、宽领域的、多学科交叉的循证研究，能得到更加丰富、真实、有效的数据和结果。通过设置实验组和对照组并分离偶然的、次要的因素，探究因果作用机制和影响路径，可得到社会改善和发展的可行路径。从环境组织层面来看，可以将其逐级分解为单个具体实验，如图 2–3 所示。

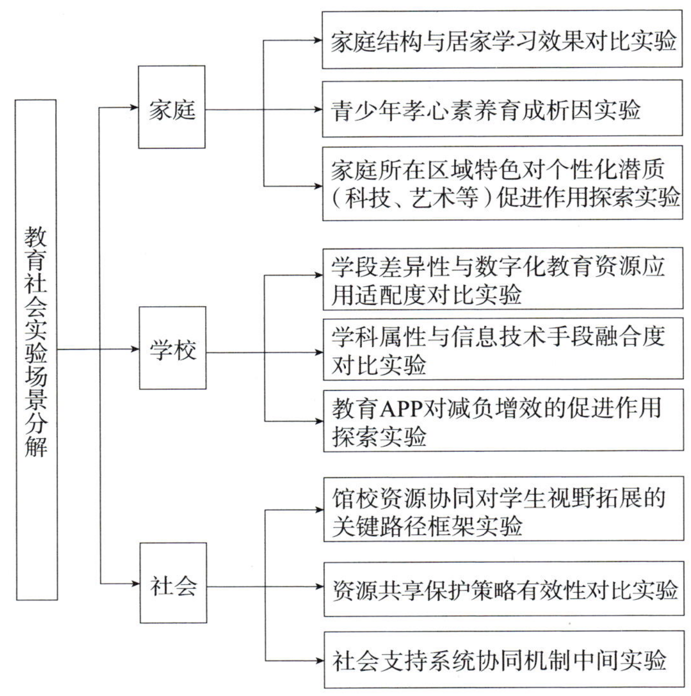

图 2-3　教育社会实验场景分解

不同场景下的教育社会实验具有不同的侧重点：家庭场景下的教育社会实验更加注重家庭的结构和特征对学生的性格、品质、素养等方面的影响；学校场景中的教育社会实验侧重于研究学习内容、学习方式、学习资源等对学生的学习成效、学习满意度等方面的作用；社会场景下的教育社会实验则关注社会资源、社会支持系统对学生的能力培养和品德提升的帮助。虽然实验是在三个场景下开展的，但三个场景之间是相互联通的，可以共享学生的数据信息。这有利于整合更多的个性化资源，打破学生的知识边界，让学生的知识在各个场景之间构建网络，形成一个能够实时接收消息、及时处理信息、快速反馈信息的自适应网络库。其中，既有输入也有产出，让学生变成信息的生产者、传播者和接受者，在知识的积累和创造过程中培养自己的创新思维、问题解决能力、批判思维等。家庭、学校和社会三个子系统共同为学生全面发展提供动态的、衔接的、可持续的帮助和支持。

（三）实验方法

为了满足不同场景下数据收集和处理的需求，可以采用多种实验方法。

观察法　通过眼睛、耳朵、照相机、录像机等器官或设备观察对象。这种方法是最为直观的方法，需要我们能够敏锐地观察到学生的表情、态度以及行为的变化，并综合多方面因素对学生进行分析和评价，深入洞察学生，实现“明察秋毫”。

对比分析法　将两组数据、现象进行对照和比较的对比分析法，通常用于判断主体在某一方面的变化，这种方法可以排除无关变量的干扰，更加精确地定位影响事情结果的关键变量，为解决问题提供更加可靠的依据。

工具测量法　按照一定的规则、尺度给测量对象的某些特性分配数值，如使用量表和问卷。通过问卷调查的方法可以在较短的时间内收集到更多的数据，大范围地了解学生对待某件事情或者在某一方面的特质情况，极大地节约了时间成本，得到的结果具有代表性，可以反映群体的特征。

大数据分析法　对海量数据进行分析，包括大数据聚类、大数据关联分析、大数据分类、大数据预测等。大数据分析法能够在极短的时间内对数据进行处理，节约了大量的时间和人力成本。该方法对课堂全课程、全方位的数据进行挖掘和分析，对课前、课中、课后多个环节的教学行为和活动进行建模，为教育决策提供支撑。

访谈法　搜集受试者对某一事物的意见和看法。通过谈话能得到更多与受试者相关的信息，常会有意外收获。因为访谈是开放性的，所以受试者可以在题目的基础上自由发挥，这往往会帮助我们更加深入地认识受试者。

案例分析法　把实际工作中出现的问题作为案例进行研究，可以更加全面地了解问题，适用于典型的、有特色的问题。这种方法可以对某一具体问题进行场景化的分析，直指实际问题，让我们在实践中认识问题并解决问题。

（四）实验准备

教育社会实验具有复杂性、长周期性、动态性的特征，所以在设计教育社会实验时要综合考虑实施实验的成本、伦理等问题，当实验被正确设计并实施时，研究者可以自信地推断出“如果 *X*，所以 *Y*”[①]。

在实验准备阶段，研究者需要考虑以下问题。

选定控制变量和无关变量　实验设计中关注哪些变量？将哪些变量设置为关键差异变量，哪些变量设置为无关变量？应该设置多少种实验组合？变量的设计都是围绕着研究目的而确定的，研究者应深刻理解研究目的并从中抽出反映研究路径的核心变量，为研究的开展做好前提准备。

确定实验单元，并选定实验环境　实验单元是怎样的？一个人、一个家庭、一类群体是一个单元吗？如果以家庭为单元，那么家庭应该具备怎样的特点？为了达到理想的实验效果，满足实验需求，应该将实验设置在什么样的环境下？

样本的数量及选择　多大的样本量可以达到理想的研究效果？选择哪些样本会更具有代表性？保证研究所得的结论可以推广到同类对象中，避免出现样本只反映小部分的群体而不能代表全部研究对象的情况。另外，当样本数量过大时，要通过抽样的方法集中有限的人力、物力获得可靠的资料，在抽样时要根据研究母体的特征选择合适的抽样方法，例如，调查

① RIECKEN H W. Social Experimentation[J]. Society，1975，12（5）：34-41.

某一学校七年级近视学生的比率，运用简单随机抽样在 1000 名七年级学生中选择 300 名学生；研究某一所学校教师的科研态度，将教师根据教龄、职称、学科等进行分层，运用分层抽样的方法在每层中随机抽取一定样本。

待观察和测量数据 在进行实验组和对照组的实验时，需要测量哪些数据？哪些学生的哪些行为表现需要被记录（上课回答次数、交流次数、学习时长）？需要提前了解学生的家庭情况吗？教师的哪些行为需要被记录（表情、与学生的互动情况）？这些都需要结合已有的文献研究结果进行确定，并基于此提出研究假设，在正式实验前对研究假设开展小范围访谈或预测试，检验研究假设的可行性并完善研究假设，保证研究的可信度。

实验周期 研究不同类型问题所需的时间成本不同，一个周期表示从实验开始到实验结束的时长，周期的长短会对测量的数据精细度和数据结果产生不同程度的影响。例如，探究教师的教学行为对学生学习效果的影响，如果实验周期仅仅为一周，那么得到的结果大概率不可靠，时间太短，学生的成绩不会因为教师一两次的教学行为而发生明显改变；如果实验周期为三个月，那么这一教学行为若是有效则会引起学生课堂表现的变化，进而可能对成绩发挥作用。因此，研究者需要充分考虑研究问题，设置合理的实验周期，以取得理想的效果。

实验环境的部署 当研究设计好之后，就要进入实验环境的搭建和部署阶段，实验中需要布置哪些硬件设备（智慧白板、电脑、投影仪）和软件设备（智能学习系统、学习 APP）？需要提前屏蔽哪些干扰因素？实验环境中可以容纳多少个学生？需要多少设备？这些都是实验能够顺利开展的前提。做好预案可以排除很多干扰因素，保障实验效果。

数据分析方法 教育社会实验与其他观察性实验的最大区别在于，收集到的数据不仅量多，而且种类繁杂，需要选择多种分析方法进行处理。

研究人员需要将各个维度的数据进行分类并筛选，选择出具有高信度、效度的数据，再依据数据的特点选择进行简单的统计性分析、相关分析、中介效应分析、因果分析还是复杂模型分析？所选的分析都要有据可依，不能只通过数据之间的关系来判断。

结果的代表性 研究的目的在于得到普适性的结论，揭示难以察觉的教育规律，为我国的教育发展做出贡献。因此，研究项目在多大程度上能够反映整个群体的表现？如果研究结果可以代表全国的现状，有什么依据？回答这些问题需要进行充分的调查和严谨的推理，一旦形成结论就会对更大范围的研究产生影响，所以研究的每一步都要严格遵守规范。

第三章

教育数字化治理场景实验

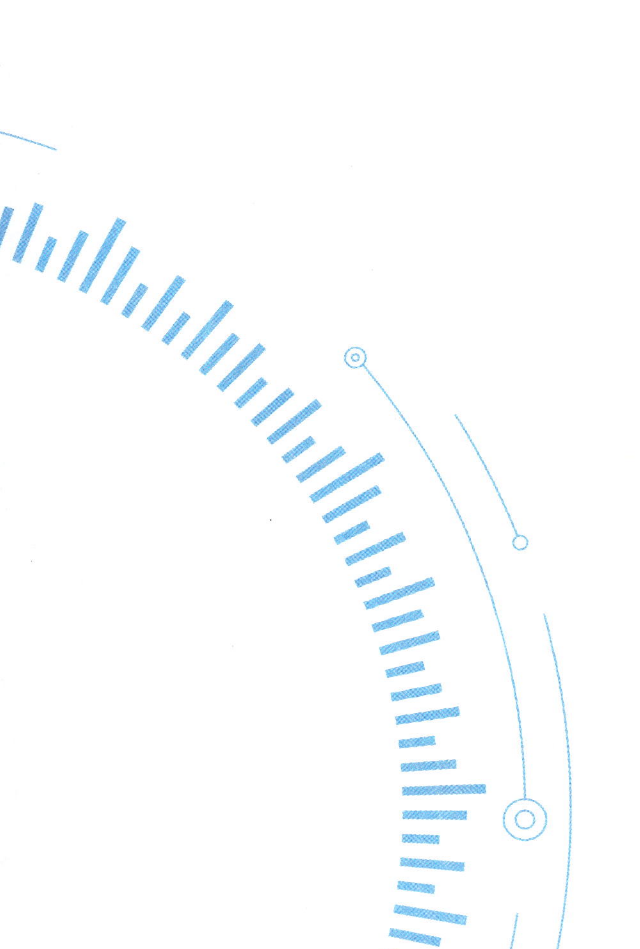

第一节　教育数字化治理场景实验助力不同地区发展进程

教育数字化是推动教育理念和教学模式深刻变革、促进教育公平和提高教育质量的有效手段，是实现终身教育、构建学习型社会的必由之路。以教育数字化支撑和引领教育现代化，是中国教育事业改革和发展的战略选择。21 世纪以来，中国实施的一系列重大工程和出台的政策措施，对推动教育数字化发展产生了深远影响，为教育发展与振兴奠定了坚实基础。

一、全国“校校通”工程

2000 年 11 月，教育部发布《关于在中小学实施“校校通”工程的通知》，提出“用 5—10 年时间，使全国 90% 左右的独立建制的中小学校能够上网，使中小学师生都能共享网上教育资源，提高所有中小学的教育教学质量，使全体教师能普遍接受旨在提高实施素质教育水平和能力的继续教育”。在全国中小学普及信息技术教育，全面实施“校校通”工程，以信息化带动教育的现代化，是实现我国基础教育跨越式发展的重要一步。

2001 年 5 月，国务院发布了《关于基础教育改革与发展的决定》。第 26 条提出：“大力普及信息技术教育，以信息化带动教育现代化。各地要科学规划，全面推进，因地制宜，注重实效，以多种方式逐步实施中小学‘校校通’工程。努力为学校配备多媒体教学设备、教育软件和接收我国卫星传送的教育节目的设备。有条件地区要统筹规划，实现学校与互联网的连接，开设信息技术课程，推进信息技术在教育教学中的应用。开发、建设共享的中小学教育资源库。加强学校信息网络管理，提供文明健康、积极向上的网络环境。积极支持农村学校开展信息技术教育，国家将重点支持中西部贫困地区开展信息技术教育。”

二、实施“三通两平台”工程

2012 年 9 月，全国教育信息化工作电视电话会议强调，“十二五”期间，要以建设好“三通两平台”为抓手，建设教育资源公共服务平台和教育管理公共服务平台；推动“宽带网络校校通”，完善学校教育信息化基础设施；推动“优质资源班班通”，加快内容建设与共享；推动“网络学习空间人人通”，促进教学方式和学习方式的变革。以这次会议为起点，以“三通两平台”为标志的教育信息化建设工程在全国普遍实施。“三通两平台”工程重点向农村、边远、贫困和民族地区倾斜。学校网络教学环境大幅改善，优质数字教育资源日益丰富，信息化教学日渐普及。信息技术和教育教学的深度融合也在逐步加强。

三、网络扶智工程攻坚行动

2018 年，教育部启动实施《教育信息化 2.0 行动计划》，将“网络扶智工程攻坚行动”作为八大行动之一，以“三区三州”为重点推进贫困地区教育信息化发展。一是利用信息化手段扩大优质教育资源覆盖面。印发《教育部关于加强“三个课堂”应用的指导意见》，逐步使依托信息技术的“优质学校带薄弱学校、优秀教师带普通教师”模式制度化，进一步缩小区域、城乡、校际差距，提高贫困地区薄弱学校教学质量。二是通过培训提升教师信息技术应用能力。2013 年起实施全国中小学教师信息技术应用能力提升工程，截至 2017 年底，共培训全国中小学教师 1000 余万名。自 2018 年起，以“三区三州”为重点开展深度贫困地区教育信息化领导力“送培到家”活动，2016—2019 年共培训 3811 人。举办面向 52 个未摘帽贫困县教育信息化应用能力提升网络培训班，参训人员共计 3.73 万人。通过培训，推动贫困地区转变教育理念，提升教师教育信息化素养和应用能力。三是开展捐赠活动，使贫困地区共享信息化发展成果。2018—2020 年组织电信运营商和相关网信企业向贫困地区，特别是 52 个未摘帽贫困县，开展信息化教学设备捐赠、数字教育资源共享、教育信息化应用服务等，捐赠金额超过 3 亿元，总计发放资源应用账号近 400 万个，覆盖 556.8 万人。教育信息化捐赠活动覆盖面广，企业参与积极性高，让贫困地区的师生都能享受到信息化发展成果。[①] 表 3-1 整理了 2020 年 3 月至 12 月教育部“教育信息化和网络安全工作月报”中网络扶智工程攻坚行动进展。

---

① 教育部 . 对十三届全国人大三次会议第 2636 号建议的答复［EB/OL］.（2020-09-29）［2023-10-07］. http：//www.moe.gov.cn/jyb_xxgk/xxgk_jyta/jyta_kjs/202010/t20201027_496883.html.

表 3-1　2020 年 3 月至 12 月网络扶智工程攻坚行动进展

时间	网络扶智工程攻坚行动进展
2020 年 3 月	教育部科技司组织召开 2020 年网络扶智工程攻坚行动视频会，对帮扶贫困地区教育信息化工作进行动员部署，共有 32 家网信企业 50 余人参加。 中央电教馆与中国网络社会组织联合会共同启动了 2020 年“网联优教”——教育信息化精准扶贫项目，继续面向社会开展征集活动，共收到 58 家企业报名，捐赠产品共计 129 种。
2020 年 4 月	中央电教馆与中国网络社会组织联合会共同启动 2020 年“网联优教”——教育信息化精准扶贫项目，继续面向社会开展征集活动。
2020 年 5 月	教育部科技司面向 52 个未摘帽贫困县提供网信资源工具包，46 个贫困县积极反馈，将推动网信企业与贫困县进行对接，确保资源落地。 中央电教馆推进“教研共同体协同提升试点项目”，开展了 104 次教研活动、23 次高考专题讲座，共 48 个县的 5482 名老师参与。
2020 年 6 月	中央电教馆推进“教研共同体协同提升试点项目”，开展了 145 次教研活动，共 49 个县的 2998 名老师参与。
2020 年 7 月	按照 52 个未摘帽贫困县反馈的对教育信息化资源工具包的需求，教育部科技司组织网信企业与各县对接，并对资源落地情况进行跟进了解，现已发放资源应用账号 393 万个，覆盖 556.8 万人，总价值 8000 余万元。 面向 52 个未摘帽贫困县的教育信息化技术支撑人员培训项目正式开班，共有 3.7 万人参加。
2020 年 8 月	中央电教馆在北京举办了教研共同体协同提升交流研讨培训网络视频会议，28 个名师团队、79 个项目县的负责人和教师参加了培训。
2020 年 9 月	教育部科技司在河北秦皇岛举办第 5 期教育部中小学校长教育信息化专题培训班，青龙县与威县共计 130 名中小学校长参训。 中央电教馆联合广州视睿电子科技有限公司结合“希沃公益行”项目对广西柳州三江县等 28 个省的 110 个地区进行捐赠，其中向广西三江、都安、罗城、融水和云南会泽等未摘帽贫困县共捐赠 11 套录播教室、2 套一体机设备。 中央电教馆推进“教研共同体协同提升试点项目”，开展了 184 次教研活动，共 64 个县的 2867 名老师参与。

续表

时间	网络扶智工程攻坚行动进展
2020 年 10 月	2020 年第 1 期和第 2 期教育厅局长教育信息化专题培训班分别在云南迪庆和四川阿坝举办，共培训 247 人。 由教育部科技司主办、北京师范大学互联网教育智能技术及应用国家工程实验室承办的，第 6 期和第 7 期教育部中小学校长教育信息化专题培训班分别在广西融水县和贵州紫云县举办，共培训 300 人。 中央电教馆协调 3 家企业在 2020 年全国网络扶贫暨数字乡村发展工作现场推进会上为 14 个未摘帽贫困县捐赠价值 2253 万元的教育信息化产品和服务；推进“教研共同体协同提升试点项目”，开展了 240 次教研活动，共 66 个贫困县的 3114 名老师参与。
2020 年 11 月	2020 年第 4 期和第 5 期教育厅局长教育信息化专题培训班分别在甘肃临夏和江西上犹举办，共培训 237 人。 中央电教馆推进“教研共同体协同提升试点项目”，开展了 141 次教研活动，共 69 个贫困县的 3715 名老师参与。
2020 年 12 月	中央电教馆在河北青龙举办“教研共同体协同提升试点项目”现场工作推进会。 教育部科技司党支部与中国移动通信集团政企事业部党支部通过线上线下相结合的方式，在中央音乐学院和河北青龙两地共同举办联合党日活动，向青龙县捐赠 500 台笔记本电脑，助力青龙县改善教育信息化条件。

四、教育数字化战略行动

《教育部 2022 年工作要点》提出，实施教育数字化战略行动。强化需求牵引，深化融合、创新赋能、应用驱动，积极发展“互联网 + 教育”，加快推进教育数字化转型和智能升级。作为教育数字化战略行动的重要标志性阶段成果，国家中小学智慧教育平台于 2022 年 3 月正式上线。截至

2022 年 3 月 29 日，国家中小学智慧教育平台已有资源总量 28052 条，既有覆盖各学科各年级全部课程学习资源，又有丰富的课后活动、家庭教育等多方面的资源，可有力支撑课上课下、校内校外全过程育人。国家中小学智慧教育平台面向农村地区的运行应用取得了积极的成效。教育部数据显示，平台自 3 月 1 日试运行至 3 月 28 日正式上线期间，广西的浏览量超过 5000 万，内蒙古、云南的浏览量超过 1000 万，中西部许多农村边远地区利用平台资源实施“双师课堂”，开足开齐国家课程，进一步提高了教学质量。

国家智慧教育公共服务平台有效赋能农村薄弱学校教学①。以河南省为例，河南省的省情特点是农村小规模学校比较多，还有 1.25 万个教学点，最大限度发挥“云平台”资源的使用效益，对于提升农村教育教学质量、缩小城乡教育的差距，具有十分重要的作用。河南省指导各地各校把国家优质资源融入日常课程教学体系，特别针对薄弱地区、薄弱学校师资结构性短缺问题，充分利用“云平台”开足开齐开好国家规定课程，丰富学生的学习生活。推广“双师课堂”模式，运用国家资源开展联合教研，由中心校教师通过“专递课堂”对薄弱校学生开展指导巩固，提高线下教学质量。截至 2022 年 2 月底，基于“云平台”建立“双师课堂”模式的学校已经达到 1700 多所。

---

① 教育部 . 介绍国家中小学智慧教育平台建设与应用有关工作进展情况［EB/OL］.［2023-10-07］. http：//www.moe.gov.cn/fbh/live/2022/54251/.

第二节　安徽六安金寨县乡村中小学智慧学校建设实验

一、目的与假设

（一）智慧学校是学校教育信息化 1.0 提升到 2.0 的重要举措

2018 年 4 月，教育部印发《教育信息化 2.0 行动计划》，提出“新时代赋予了教育信息化新的使命，也必然带动教育信息化从 1.0 时代进入 2.0 时代”，开展数字校园规范建设行动、智慧教育创新发展行动等八项行动。2018 年 4 月，安徽省教育厅印发《安徽省普通中小学智慧学校建设指导意见》，提出“智慧学校是数字校园发展的升级阶段，是从‘三通两平台’建设为标志的教育信息化 1.0 提升到 2.0 的重要举措。智慧学校是综合运用云计算、移动互联、物联网、大数据、人工智能等新兴信息技术，与学校的主要业务以及教育教学关键环节深度融合，涵盖教学、学习、管理、生活和文化的流程再造与系统重构，提高教育教学质量和教育管理决策水平，逐步形成‘可感知、可诊断、可分析、可自愈’的新型校园生态”。

安徽省普通中小学智慧学校建设以推进智慧教学、智慧学习、智慧管理、智慧生活、智慧文化建设为突破口，以完善基础环境和加强人才队伍为支撑，构架“5 项基本业务 +2 项支撑条件”的智慧学校结构，形成智慧学校生态体系。

智慧教学　智慧教学是指教师在智慧学校环境下，以先进的教学理念为指导，促进信息技术和学科课程深度融合的新型教学模式。智慧教学将实现教学过程智能化、教学手段多样化、教研方式网络化、教育资源特色化。

智慧学习　智慧学习是指学生在智慧学校环境下的学习新方式，是新一代信息技术支撑下的学习者泛在、灵活、自主的学习活动。智慧学习将实现学习方式灵活化、学习活动自主化、学习评价智能化、学习成果呈现多样化、学生综合素质评价智能化。

智慧管理　智慧管理是指运用基于信息技术建立的服务于学校管理全流程的综合应用系统，实现学校校务、教务、师生发展等管理的高效化、精细化、智能化，并促进实现多元主体协同参与学校事务管理的新形式。具体包括整合多平台的校务管理、实现智能化的教务管理、开展教师专业成长智能管理、开展学校发展规划与督导评价智能管理等。

智慧生活　智慧生活是指在信息化环境下，多方位、多角度构建舒适、便捷、安全和健康的学校生活服务新体系。具体包括构建互联互通的智慧生活环境、引导健康绿色的智慧生活方式、完善智能高效的校园安防机制等。

智慧文化　智慧文化是指具有信息化时代特征的学校文化建设新形态。具体包括整合智慧化的学校环境文化、构建智慧化的学校制度文化、催生智慧化的学校行为文化、凝练智慧化的学校精神文化等。

完善基础环境支撑　完善基础环境支撑是指通过加快信息基础设施建设，提供舒适便捷、绿色节能的学校环境。具体包括提升物理教学环境、丰富虚拟教学环境、建好教育数据中心等。

加强人才队伍支撑　加强人才队伍支撑是指通过开展智慧学校人才培训，提升智慧学校领导者、教师和技术人员水平。具体包括提升信息化领导力、强化人才培养机制、完善考评奖励机制等。

（二）贯彻落实国家乡村振兴战略、促进教育公平

安徽省将普通中小学智慧学校建设与贯彻落实国家乡村振兴战略、促进教育公平紧密结合。《安徽省普通中小学智慧学校建设指导意见》在建设目标中明确提出“扶持推进革命老区、贫困地区和农村偏远地区智慧学校建设力度，促进教育公平提升教育质量，形成具有安徽特色的智慧学校发展模式”。

2018 年 7 月，安徽省人民政府办公厅印发《安徽省 2018 年农村义务教育巩固提升行动方案》，将推进智慧学校建设作为提升农村义务教育质量的重要工作举措。其中提出，由省教育厅牵头，省财政厅、省经济和信息化委配合，按照需求牵引、应用至上、试点先行的要求，根据中小学智慧学校建设指导意见和基础环境建设指南，以智慧教学、智慧学习、智慧管理、智慧生活、智慧文化为突破口，以加强基础环境建设和人才队伍为支撑，建设 4 所农村义务教育智慧学校示范校和 177 所实验校。将农村中小学智慧学校建设作为扶持重点，通过有线、无线方式推进校园网络全覆盖，提高学校信息基础设施智能化水平，促进县域义务教育优质均衡发展。

2019 年 3 月，安徽省人民政府办公厅印发《安徽省智慧学校建设总体规划（2018—2022 年）》，通盘谋划、省级统筹，进一步指明了全省乡村中小学智慧学校建设推进的方向要求。该规划文件明确，建设基本原则之一是“重点农村，整体推进”。优先推进贫困地区特别是大别山等革命老区、农村地区、偏远山区，优先推进教学点和乡村中小学，着力补齐短板；优先推进课堂教学应用，提高教育教学质量和效率，促进教育优质均衡发展。该规划文件明确了 2019—2022 年的乡村中小学智慧学校年度建设目标（2018 年安徽全省共有 6419 所乡村中小学校）：2019 年，建成 16% 的乡村中小学智慧学校；2020 年，建成 46% 的乡村中小学智慧学校；

到 2021 年，建成 72% 的乡村中小学智慧学校；到 2022 年，乡村普通中小学全部达到智慧学校建设要求。规划中多项重点工程对乡村中小学智慧学校进行针对性设计和倾斜：智慧学校环境建设提升工程明确升级改造校园网络系统，农村学校班均带宽接入速率达到 5Mbps 以上；智慧教学应用普及工程明确乡村中小学校每个年级配备 1 套智慧教学系统；乡村学校扶智攻坚工程将乡村学校建设放在智慧学校建设的突出位置。对全省教学点在线课堂进行智慧化升级改造，农村教学点达到智慧教学、智慧学习、智慧管理等主要建设要求，促进常态化应用。

二、环境与组织

（一）金寨县县情

金寨县位于安徽省西部，大别山腹地，为鄂、豫、皖三省交界处，辖 23 个乡镇、1 个开发区，是安徽省面积最大、山库区人口最多的县。

金寨是中国革命的重要策源地、人民军队的重要发源地，先后爆发了立夏节起义、六霍起义，组建了 12 支主力红军队伍，是红四方面军主要发源地、鄂豫皖革命根据地核心区、安徽省抗战指挥中心和刘邓大军挺进大别山前线指挥部。战争年代，金寨 10 万儿女为国捐躯，走出了洪学智等 59 位开国将军，被誉为“红军摇篮、将军故乡”。

金寨县曾是国家级首批重点贫困县，2011 年被确定为大别山片区脱贫攻坚重点县，当时贫困人口 19.30 万人，贫困发生率 33.30%；2014 年，建档立卡贫困户 4 万户 13.01 万人，贫困发生率 22.10%。2016 年 4 月 24 日至 25 日，习近平总书记视察金寨县，发表了重要讲话，为金寨县发展指明了方向，金寨县迈入了历史上最好的发展时期。2020 年 4 月，在习近平总书记视察金寨县4周年之际，通过第三方专项评估检查，金寨县正式退出贫困县序列，圆满实现高质量脱贫摘帽目标。

（二）金寨县教育基本情况

2022年，金寨县共有各级各类学校160所（另有教学点110所），其中职业学校1所，普通高中4所，九年一贯制学校（实验学校）32所，初级中学9所，小学35所，幼儿园78所，特殊教育学校1所。另有教师发展中心1所，青少年活动中心1所。全县有在校学生85032人（幼儿园13863人、小学32429人、初中20494人、普高10164人、职高7863人、特教219人）；教职工7537人，其中专任教师6438人（幼儿园1034人、义务教育4404人、普高670人、职高300人、特教30人），离退休教师2798人。

（三）金寨县智慧学校建设

2018年7月，安徽省人民政府办公厅发布的《安徽省2018年农村义务教育巩固提升行动方案》确定金寨县为智慧学校试点县，整体推进智慧学校建设。2019年3月，安徽省人民政府办公厅发布的《安徽省智慧学校建设总体规划（2018—2022年）》提出，总结金寨县整体推进智慧学校建设试点以及首批智慧学校示范校、实验校建设经验，在规范完善的基础上分步骤推广。

金寨县面临着留守儿童多、缺师少教、教师队伍培养困难、山区教学点不便管理等一系列挑战，在乡村教育振兴过程中，金寨县在政府主导下，聚焦教育信息化发展，以智慧学校建设为主抓手，取得了良好的应用效果。

三、方法与工具

金寨县作为安徽省唯一一个智慧学校试点县，在统筹推进智慧学校建设工作中，主要采取了以下干预措施，“努力让每个孩子都能享有公平而有质量的教育”。

坚持政府主导，保障智慧学校建设有序推进

2018 年，县委、县政府将智慧学校建设列为脱贫攻坚“十个一工程”，县政府出台了《金寨县关于加快智慧学校建设推进公平优质教育的实施意见》，成立了智慧学校专班，在省政府办公厅、省教育厅直接指导下，聘请专家拟定建设规划和技术方案，统筹推进智慧学校建设工作。

加大资金投入，为全面实施智慧学校项目提供保障

作为国家级贫困县，金寨县在脱贫攻坚的关键阶段，多方筹措资金，确保智慧学校建设需求。2012 年至 2017 年，金寨县累计投入资金 1.2 亿元；2018 年以来，金寨县在逐年大幅压缩政府投资项目的情况下，仍然争取和整合资金，为全面实施智慧学校项目提供资金保障。2021 年，智慧学校建设列入政府专项债券项目。

坚持基础先行，着力完善智慧环境

持续加强智慧学校基础设施建设，实现三个百分之百，即全县学校（教学点）宽带接入率 100%、班班通覆盖率 100%、师生网络空间注册率 100%。对于深山区学校，网络光纤通到每所学校是一个非常大的难

题，金寨县用两年的时间解决了光纤到校问题，较大规模学校全部实现光纤进班。金寨县教学点网络带宽全部提升到了200Mbps以上，为全面推进智慧学校建设夯实了基础。

立足促进公平，找准智慧学校建设着力点

金寨县在推进智慧学校建设过程中，坚持先教学点后偏远学校，先乡村后城镇，逐步实现智慧学校全县域全学校覆盖。金寨县将智慧学校建设的着力点放在在线课堂与智慧课堂的融合及教学点智慧课堂建设上，投入资金1500多万元，将原有55个在线课堂主课堂及177个接收课堂融入智慧课堂，保障偏远教学点开足开齐各类课程，对偏远教学点孩子享受高质量教学发挥了重要作用。2020年，金寨县建设了114所学校的共408套智慧课堂教学系统，实现智慧课堂三年级及以上年级全覆盖。2021年，金寨县还投入资金1亿元，用以建设720套智慧课堂系统。

应用驱动，推进常态化应用

金寨县教育局印发了《金寨县全面推进智慧学校建设与应用工作实施方案》《关于进一步落实在线课堂和教学点智慧课堂常态化应用机制的通知》《关于确保教育信息化资源常态化应用的紧急通知》等政策文件，定期举办全县在线课堂应用竞赛、教学点智慧课堂应用竞赛，推进了智慧学校应用进程。同时，金寨县网络视频教研系统的建立，使教师全员培训变为现实；录播教学系统的建立，对促进学校教研活动的有效开展起到了重要作用。

四、结果与反馈

经过多元主体共同努力，金寨县的智慧学校建设成效卓著，在教育信息化建设方面走在安徽省前列。

全新教学生态

一直以来，学校点多面广、小规模学校较多、教师结构性短缺、课程开齐开足难是金寨县的短板。随着智慧学校建设深入，丰富的信息技术资源，有效解决了金寨县山区学校优质教育资源不足、开不齐课程的问题，深山里的学校与外部世界紧密联系在一起；网络视频教研系统、录播教学系统，为开展教师全员培训和组织教研活动提供了保障。

作为智慧学校建设的着力点，在线课堂与智慧课堂的融合，明显提升了乡村课堂教学氛围和教学效果。第一，课堂互动，氛围活跃。学生可以全面参与到课堂教学中来，课堂活跃度高。第二，课中布置习题，及时了解学情。老师可以通过平板向学生布置习题，学生现场实时作答。老师手中的平板会立即生成一份学生作答的详情报告，便于清晰掌握全班学生学情和每个人的学情，及时调整教学进度，以及有针对性地开展重难点的教学。第三，个性化的巩固练习，提升学习效率，实现高效课堂。学生能接收到老师根据学情布置的不同层次的个性化作业，解决了传统讲评课上“有讲无练”的问题。

良好发展态势

金寨县自2018年7月被确定为智慧学校试点县以来，整体推进智慧学校建设。2020年高考，全县优质高分段人数进一步增加，全县本科达线人数为 2401 人，达线率 65.46%，比 2018 年的 62.46% 提高 3 个百分点。其中一本达线 1008 人，比 2019 年多 115 人，达线率为 27.48%，比 2019 年的 23.60% 提高 3.88 个百分点，比 2018 年的 20.89% 提高 6.59 个百分点。2020 年，全县中考成绩大幅提升，所有学校及格率均高于 50%，其中高于 80% 的城区学校 3 所，乡镇学校 10 所，达到参评学校的 26.30%，较 2019 年有大幅度增长；在总分减少 65 分的情况下，全县普高建档线仍维持在 425 分，与 2019 年持平。特别是城乡差距进一步缩小，在 2019 年基础上，相当一批农村学校成绩进一步提升，2020 年各校 A 等率（各校达全县前 20% 的学生数在本校参考学生数中占比）最高值为 39.47%，远低于 2019 年的 56.90%，说明全县优生分布更加分散，呈现出全县义务教育均衡发展的良好态势。

革命老区乡村教育的新旗帜

金寨县实现了全县教学点智慧学校建设全覆盖，并以智慧学校为抓手，努力实现优质资源城乡共享，所取得的阶段性整体成效得到了社会各界的广泛认可。2018 年，金寨县完成天堂寨中心小学、古碑中心小学两所省级示范校建设。2019 年，金寨县以偏远教学点为重点，完成 55 个主课堂、166 个接收课堂升级任务，成功将在线课堂融入智慧课堂，为全省智慧学校建设积累了可推广、可复制的经验。2020 年，金寨县实现智慧课堂学校全覆盖，提前两年完成省教育厅下达的任务。2021 年，为进一步促进教育公平，推进乡村振兴，金寨县委县政府主动整合资金，实现智慧课堂系统班级全覆盖。

金寨县智慧学校建设已成为全县、全省乃至全国乡村基础教育数字化建设的一张名片。2018 年 1 月、2019 年 4 月，安徽省政府两次在金寨召开智慧学校现场会。2019 年，中央电视台及中国教育电视台专题节目都对金寨智慧学校建设进行了报道。2020 年，金寨获得“安徽省教育强县”称号。2021 年 11 月 10 日，《中国教育报》头版刊登文章“乡村到城市　开齐到开好——安徽以智慧教育为突破口推进教育优质均衡”，深度聚焦包括金寨县在内的安徽省各地智慧教育的信息化发展之路。

第三节　北京跨学科融合学习培养学生核心素养实验

一、目的与假设

当今世界，科技进步日新月异，网络新媒体迅速普及，人们生活、学习和工作方式在不断改变，儿童和青少年成长环境也发生了深刻的变化，这给人才培养带来了新的挑战。因此，义务教育课程改革必须与时俱进。2022 年 4 月，教育部印发了《义务教育课程方案和课程标准（2022 年版）》，修订重点在于学科立场向教育立场的转变，强调素养培养和育人导向；同时优化了课程内容结构，强化学科实践及跨学科主题学习；践行素养导向的质量观。

新课标对义务教育“培养什么人”这个首要问题做出整体刻画，站在“为党育人、为国育才”的高度，提出培养学生所需的核心素养，使学生“有理想、有本领、有担当”，具备适应终身发展和社会发展需要的必备品格和关键能力。在此背景下，本实验通过跨学科教学实践，以《义务教育语文课程标准（2022 年版）》和《义务教育信息科技课程标准（2022 年版）》为引领，探究小学中段的语文学习如何与信息技术相融合，帮助一线教师打造合作探究、自主实践的高效七彩课堂，探索如何在新课标的框架下开展跨学科主题学习，以推动跨学科融合教学实践，并实现以下目标：

• 培养学生的核心素养，促进全面发展。本实验旨在通过文化基础、自主发展和社会参与三个方面的核心素养，培养学生成为全面发展的社会主义建设者和接班人。

• 拓宽学生的认知视野，培养创新能力。跨学科融合教学实践从不同学科的角度出发，提升学生认知水平和思维能力，培养学生的创新能力，让他们更好地理解和应用知识。

• 提高学生的学习兴趣，增强学习效果。将不同学科领域的知识相结合，以丰富学习体验，激发学生的学习兴趣，增强学习效果，让学生在轻松愉快的氛围中学习，更好地掌握知识。

本实验遵循新课标的课程理念开展。借助信息技术以真实的问题或项目驱动引导学生构建知识，提高学生的参与度，鼓励学生在“做中学”“用中学”“创中学”；学生在真实的语言情境中提升文化自信和语言运用、思维和审美创造能力。此外，本实验实现了语文、美术等不同课程的学习主题与信息技术的融合，从而提升学生的综合素质和信息技术能力。

为更好地组织和呈现新课标内容，教学围绕多个主题展开，这些主题与语文实践活动具有内在逻辑关联。通过构建一系列相互关联的学习任务，形成具有情境性、实践性、综合性的语文学习任务群，促进学生的核心素养发展。在语文学习任务群中，学生们一起欣赏富有童趣的语言与形象，感受纯真美好的童心；用口头或者图文的方式创编儿童诗和有趣的故事，以此来发展想象力。除此之外，学生们描绘大自然、阅读大自然，结合自己的生活体验，用语言文字表达自己热爱自然、珍爱生命的情感。

二、环境与组织

信息技术与各学科融合为一体，是达成现阶段育人目标的有效手段。通过用技术辅助教学，可以激发学生对学习的热情，提高他们对学科的兴趣。

北京理工大学附属小学长期坚持通过学生喜闻乐见的科技教育活动，提高学生学科学、爱科学的兴趣，激发学生的科技发明和创造能力，学校构建了以“精于理，成于工，汇于彩”为核心理念的育人文化体系，以“人人都享有出彩人生”为内涵，引领整体发展，积极在学科教学中开展跨学科融合教学实践。

以语文课程“诗歌，让我们用美丽的眼睛看世界”单元主题为例，本单元诗歌教学主题活动将信息技术与多学科融合，如图 3-1 所示，主题活动组织分为知诗意、品诗美、悟诗情、创诗乐。

- 知诗意。让学生初步了解诗歌的意象和表现手法。
- 品诗美。把握好现代诗的教学重点，引导学生感受诗歌的韵味和语言的独特表达，进而体会诗歌的丰富情感。
- 悟诗情。借助学生的想象增强诗歌的感染力，入景、入境、入情地学习诗歌，感受诗歌的美与内涵。
- 创诗乐。注重学生综合性学习的整体推进，让学生借助信息技术查找资料，收集喜欢的诗歌，尝试创作小诗、有感情朗诵、录制视频等。

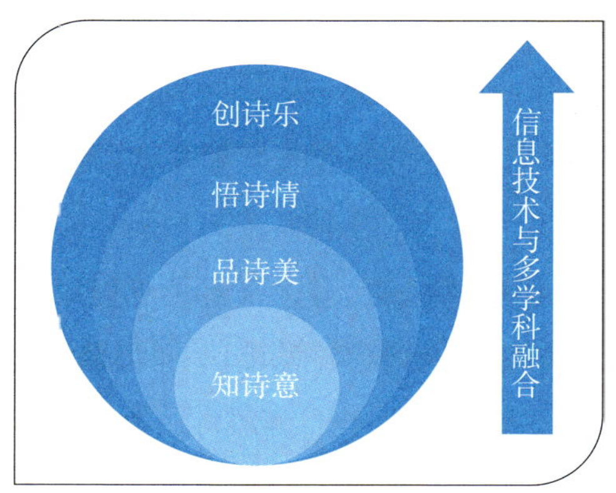

图 3-1 信息技术与多学科融合的教学主题活动

三、方法与工具

（一）语文课程融合信息技术初探

教育技术专家南国农教授指出，要将信息技术融入课程教学中以促进学习，使之成为教师的教学工具、学生的认识工具、重要的教材形态和主要的教学媒体。在现代诗歌的教学和学习活动中，将信息技术融入课程教学的各个环节，如班级授课、小组学习和自主学习，信息技术既是学习的对象，也是学习的手段。

在“繁星”下探究

在《繁星》小诗中，学生通过自读、教师范读以及借助国家中小学智慧教育平台的音频和视频，充分理解诗歌的意境和情感，感受现代诗的语言特点，领略诗人对母亲的依恋和对大海的赞美之情。学生还借助信息技术这一工具，搜索与诗歌的韵律和主题相匹配的音乐，自主为诗歌配乐，将自己体会到的情感融入诗歌的朗诵中，感受诗情、想象画意，体会诗歌的文字美、韵律美和情感美。这种教学方式不仅能让学生深入理解诗歌，而且能够激发他们的创造性思维和艺术表现力。

在“绿”中体会生机

艾青的小诗《绿》描绘了春回大地，到处充满生机的景象。在学生朗读过程中，教师通过激发学生的想象力，让他们想到各种“绿”的景象。此外，教师充分利用国家中小学智慧教育平台，请同学们观看不同“绿”色（如墨绿、黑绿、嫩绿、浅绿、淡绿等）的动画视频，让学生更加直观地感受到“绿”带来的生机与活力，感受到自然界中不同种类“绿”的神奇。学生更好地理解诗歌的意境，拓宽了对自然界的认识和想象力，提高了审美能力和语文素养。

图画即诗歌

诗歌虽然简短，却是一幅生动的画面。我们鼓励学生通过电脑绘图技术或小组合作绘制纸质图画，将诗歌做成图画。根据图画的内容，详细讲解诗歌每一个字背后的密码，使学生能够沉浸式地乐学其中，利用视觉与形象思维顺利完成背诵和理解诗歌的任务。当学生借助电教设备登上讲台，分享自己绘制的图画时，会产生一种成就感和自豪感。

大胆尝试自主探究

学生的学习潜力是无限的，但需要教师的挖掘和引导。教师需要给予学生足够的信任，激发学生的学习热情和创造力。学生掌握了诗歌学习方法后，通过自主学习任务，借助信息技术，进行阅读与思考。无论是在朗读技巧、意境理解还是主题把握上，学生都有了自己的独特见解，并且能够理性地表达自己的观点。

在小组合作中，学生相互分享自己的阅读感受，互相补充、交流，从而提高彼此的学习成果。有的同学利用多媒体技术对诗歌每一节的意境进行了展示。这种自主学习方式激发了学生的学习兴趣，提升了学生独立思考的能力，真正实现了学生是课堂主体、教师在课堂中扮演主导角色的教学理念。

（二）综合性学习“轻叩诗歌大门”

围绕现代诗歌展开的学习活动，可以让学生通过不同的方式展示学习成果，从而进一步深入诗歌的世界。“轻叩诗歌大门”活动的安排涉及收集、交流、展示三个阶段。收集诗歌并摘抄自己喜欢的现代诗，旨在激发学生阅读和收集诗歌的兴趣，了解摘抄的基本要求；交流摘抄的诗歌，目的在于通过交流打开视野，进一步丰富收集诗歌的途径和摘抄类型，同时积累素材；在以上活动的基础上，开展诗歌的展示活动，如诗歌朗诵会、班级展示等。

摘抄诗歌，欣赏交流

在借助互联网信息技术、报纸、杂志、电子书籍、纸质书籍等收集、整理诗歌的过程中，学生可能受认知水平和收集途径的限制呈现出趋同性，教师需给予学生相应的分类指导，提高学生搜集信息的素养和整理信息的能力。

评价展示交流阶段。遵循“教、学、评”一致的原则，教师从格式、书写、摘抄类别等方面评价学生的表现。学生可以借助多媒体为诗歌配图，在班级展示和交流中进行诗歌的对比赏析，并讨论诗歌的情感、意境、主题和韵律等。这有助于学生深入感受诗歌的美，加深对诗歌的感受与体验。

朗读展示与指导。学生上台朗读自己摘抄的诗歌，教师对学生的表现进行点评和指导。教师关注的重点包括：学生是否表达自然、朗诵熟练、声音洪亮、优美清晰；是否把握诗歌的正确节奏和韵律、是否能够与观众产生共鸣，表达诗词的主题和内涵。这种方式不仅能够更好地训练学生的朗读能力，还能够让他们深入理解诗歌的意境和情感，产生更切身的感受和体验。

学以致用，表达情感

孔子曰："吾与回言终日，不违，如愚。退而省其私，亦足以发，回也不愚。"能够将所学的内容发挥运用到实践中，才是深入的学习。知识的学习必须转化为指导实践的力量。

诗歌创作源于生活。学生们通过学习现代诗，初步习得了诗歌的基本创作方法，并借助单元主题活动，将学习到的结构、韵律、意向、主题情感等和自身的性格、爱好、志向等特点相结合。在诗歌创作的过程中，学生们力求达到音乐美、意境美、想象美的要求。这不仅帮助学生提高了诗歌鉴赏能力，还激发了他们的艺术创造力和想象力，为他们的个性化发展开辟了更加广阔的空间。

艺术源于生活而高于生活，学生在进行诗歌创作之前会深入大自然，会利用信息技术查找资料和图片，并进行小组合作。在诗歌创作的过程中，要尊重学生的差异性，进行分层要求与指导。对于一些创作困难的同学，可以教导他们采取仿写课文的方法形成作品。

跨学科小组合作获佳作

让学生多人协作为自创诗歌配上与内容相符的图画，不仅可以让学生们将诗歌的形象化表达提升到一个新的高度，还可以培养学生们的美术素养和创造力。学生们还可以利用信息技术搜索与诗歌匹配的图片来为诗歌配图。

学生利用信息技术为小诗配上音乐，录制成视频并发布到视频网站平台，让诗歌变成“活”的文字。

小组合作为诗歌集制作封皮、共拟诗歌集的题目、设计诗歌集的目录，由教师作序给予点评。在课余时间，学生们利用会议平台针对上述环节展开讨论和合作。

四、结果与反馈

学生们通过多种方式展示和分享自己的诗歌创作成果。班级举办诗歌朗诵会活动，学生们将自己的诗歌做成演示文稿，配上音乐和图片，展示自己的作品。此外，在班级的展示墙和教室外的展示栏上，也展示着学生们的诗歌作品。

校园广播站是同学们展示诗歌创作的大舞台，让更多人了解和欣赏到他们的作品。这不仅激发了学生的创作热情，也让他们感受到了自己的诗歌作品被广泛传播的自豪感和荣誉感。

利用信息技术手段，学生们将自己的诗歌朗诵视频发布到多个媒体平台，将自己的创作传播得更远。

跨学科融合学习实验，立足学生的核心素养发展，充分发挥了各学科课程的育人功能。通过构建以诗歌为核心的语文学习任务群，并与现代信息技术、美术美育等紧密结合，学生在语言情境中和语文实践活动中，提升了语言运用能力、思维能力、审美能力，得到全面的成长。

叶圣陶先生说，教育工作不限于课堂教学，课堂教学课外活动一起抓，才能使学生受到更多的实益，打下德、智、体全面发展的基础。在信息技术飞速发展的时代，教育也需要不断进化，注重培养和提升学生的信息素养，是推进教育现代化进程的关键。教育的目标是培养学生的核心素养，促进立德树人根本任务的落实。教师应该打造多学科融合、自主合作探究的高效动态七彩课堂，为学生提供有价值的学习经验和全面发展的机会。教育之路永无终点，教师应不断反思和提高，为学生的成长和社会的进步贡献力量。

第四节　黑龙江七台河“联包助帮”助力教育均衡发展的协同建设实验

一、目标与假设

促进教育均衡发展，主要是着力提升乡村学校和薄弱学校办学水平，全面提高义务教育质量，努力实现所有适龄儿童“上好学”的目标，坚持以人为本，促进人的全面发展，解决义务教育深层次矛盾，推动教育事业科学发展。促进教育优质公平，对于进一步提升国民素质，建设人力资源强国，具有重大的现实意义和深远的历史意义。

推进义务教育均衡发展要全面贯彻党的教育方针，全面实施素质教育，遵循教育规律和人才成长规律，积极推进义务教育学校标准化建设，均衡合理配置教师设备、图书等资源，努力提升办学水平和教育质量。

2005 年，教育部印发的《关于进一步推进义务教育均衡发展的若干意见》要求，各地以区域推进为重点，优先解决好区域内义务教育均衡发展的问题，并在此基础上，力争在更大范围内逐步推进，要把工作重心进一步落实到办好每一所学校、关注每一个孩子健康成长上来，把提高乡村学校教育质量和提高城镇薄弱学校放在更加重要的位置，逐步实现义务教育的均衡发展。

2017 年，黑龙江省人民政府出台的《关于统筹推进县域内城乡义务教育一体化改革发展的实施意见》指出，适应全面建成小康社会需要，合理规划城乡义务教育学校布局建设，完善城乡义务教育经费保障机制，统筹城乡教育资源配置，向乡村和城乡接合部倾斜，大力提高乡村教育质量，适度稳定乡村生源，增加城镇义务教育学位和乡镇学校寄宿床位，推进城镇义务教育公共服务常住人口全覆盖，巩固和均衡发展九年义务教育，加快缩小县域内城乡教育差距。

2019 年，中共中央、国务院《关于深化教育教学改革全面提高义务教育质量的意见》提出，要推动城乡义务教育优质均衡发展，“免费为农村和边远贫困地区学校提供优质学习资源，加快缩小城乡教育差距”。

2022 年 3 月，七台河市教育局下发《七台河市中小学校优势均衡发展“联包助帮”活动方案》，指出全面贯彻党的教育方针，全面落实立德树人根本任务，以办好人民满意教育为目标，紧紧抓住均衡发展和提升质量两条主线，通过市属学校与乡村学校之间的联包和交流融合，实现学校间的教育理念、教育资源、管理制度和发展成果共建共享，打造高质量、高水平的发展共同体，提高中小学整体办学水平。

七台河市结合市区学校优势，以区域划分为准线，建立起优质学校与边远学校、薄弱学校的联系，基于信息技术、优质资源、优质教师等，沿着“教育均衡”“提高质量”两条主线开展研究，包含以下具体内容。

（1）探索“互联网 + 教研”联合教研新样态的研究。

（2）探索以名师带动为牵引，构建教师发展共同体。

（3）探索以校际诊断为牵引的学校教育发展模式。

二、环境与组织

“联包助帮”活动的主要任务是推进市区内中小学校教育优质发展，缩小城乡之间、学校之间差距，实现城乡学校均衡发展、特色发展、多元发展、高质量发展的目标，促进学校在教师发展、课堂改革、学生能力、教育质量等方面的提升。根据市教育局要求，七台河市第九小学和七台河市茄子河区铁山学校、茄子河区新强学校成为“联包助帮”合作学校。

优质学校基本情况

2019 年，七台河市第九小学实施集团化办学，增加了南校区，南北校区共有 66 个教学班、2900 余名学生，160 名教师，其中省级名师 1 人，省卓越教师 1 人，省级骨干教师 10 人，市级学科名师 4 人，市级骨干教师 26 人。

两校区一体化建设　学校加强顶层设计，构建“一校一品”办学特色，本部以传统文化为主，南校区打造科技特色。学校整合优质教育资源，实现教师南北校区双向流动，本部和南校区一体化协同建设，推动学校内涵式发展。

家校生源基础优越　学校办学多年，走过了一段充满挑战、充满信心、令人振奋的历程，得到社会的高度认可，申请入学人数呈上升趋势。家长重视学生的教育，学生见识广、思路活、综合素质好。学校多年来高度重视家校协同建设，学校办学得到了家长的广泛认可与支持，家校关系和谐。

教师队伍整体素质好　教师年龄分布均匀，专业能力强，素质高。本部教师经验丰富、锐意创新，善于学习、善于研究；南校区教师专业基本功扎实，团队合作能力强。

德育特色显著　学校高度重视德育工作，以“民俗节”为引领的特色活动已成为学校精品活动。

课程建设完备　学校充分整合优质教育资源，设置了个性化、精准化、多样化的特色课程，开设了书法、足球、播音、跆拳道、手工、创客、彩铅画、线描画、舞蹈、合唱等社团，以提升全体学生的综合素养，切实发挥学校育人主阵地作用。

硬件设施条件良好　学校攻坚克难、内引外联，改善办学条件，现已实现操场人工草坪加沥青硬覆盖，多媒体教室、计算机教室、实验室、图书室、体育活动场馆一应俱全，并引进大量图书、体育器材、实践活动器材，基本满足开足课时、开齐课程条件，课堂教学鲜活化、现代化。

教育信息化发展突出　所有班级均配备录播系统，学校有专用录播教室 1 间、微机教室 2 间。学校教师和专用教室均配备希沃触控式一体机，校园网络全覆盖，基本完成了市教育局“三通两平台”的建设要求。作为教师信息化 2.0 工程省级示范学校，七台河市第九小学教育信息化与教学深度融合已经能够带动课堂教学的深度改革，一大批信息素养较高的教师能够以信息化改革课堂教学以及教学管理，为实现智慧课堂作铺垫。

薄弱学校基本情况

铁山学校、新强小学地处七台河市边远地区，教学设施设备好，管理规范。两所学校学生人数少，教师近十年没有补充，平均年龄偏大，教学理念陈旧，研究和学习的氛围不够浓厚，个别学科教师数量不足，教师资源不足。

通过多次联席会议，确定了实验研究内容如下：

（1）“联包助帮”工作制度、运行机制以及提炼策略等。

（2）“互联网 + 教研”共同体的构建。

（3）“联包助帮”活动内容。

三、方法与工具

根据实验任务和内容，本实验采用以下具体方法。

行动研究法　从各学校实际情况出发，根据需求确定研究内容，并采用合理的行动策略，为实验提供数据。

调查研究法　对于助帮学校的师生以及优质学校进行问卷和访谈调查，发现研究问题，收集数据结果。

案例研究法　定期总结各个研究子课题案例，提炼经验，为促进区域教育均衡发展提供可操作的做法。

（一）基于信息技术背景下的“互联网＋教研”模式，破解地域远、交流难，构建助帮新样态

学校之间交流难、互动难，无法完成“联包助帮”活动任务。于是，各学校依托网络以及直播设备，通过“专递课堂”“翻转课堂”等活动，进行集中备课，开展培训以及教研活动；建立固定教研制度，阶段性梳理教研成果，定期在互联网平台发布研究经验，“互联网＋教研”模式促进资源的积累和活动的顺利开展。

（二）基于名师优质资源的助帮，破解学校学科教师不足、专业教师不足的困难，提升师生整体素养

利用优质学校教师专业精湛的特点，发挥学校特色课程优势和名师带动效应，通过师徒结对的形式提升教师的专业素养。例如，七台河市第九小学是全国书写规范字试点学校，该校书法教师团队领衔人通过固定时间专递课堂向其他学校直播，定期辅导作业，提升各助帮学校的师生素养。

（三）基于“订单式”助帮服务，避免盲目活动，有效提升教学质量

为避免增加学校负担，采用问卷调查的形式，对学校所需、教师所需、学生所需进行调研和总结，开展有针对性的帮扶。

四、结果与反馈

在当今社会，教育优质均衡发展是我国教育事业的重要目标之一。对教师发展来说，联包助帮活动鼓励教师之间的互动与合作，促进教师个人成长。教师们可以在活动中分享教育经验、交流教学方法，从而相互学习、共同进步。此外，联包助帮活动还提供了丰富的教育培训资源，支持教师参加各种教育培训和研修活动，为七台河市中小学教育优质均衡发展提供了有力保障。

“联包助帮”改革工作被列入2023年七台河市市委重点改革任务和市政府工作报告重点工作。城乡“联包助帮”工作都取得了实质性进展。一是在思想上高度重视互助共建学校，在工作推动上达成共识；二是互助共建学校都形成了切实可行的共建规划，有了实实在在的工作举措；三是互助共建学校在党建引领、质量提升、德育管理、校园安全、文化建设等诸多方面均有起色，点点滴滴的经验弥足珍贵，值得珍视。

联包助帮学校共同体之间的交流，加强了校际的优势互补，激活了学校的内部管理机制，充分开发利用了共享学校的教育资源，积极推进信息技术背景下的课堂教学改革，带动教育内需，提升教师、学生的专业素养，提升学校的办学水平，从而提升区域学校的教学质量，促进区域教育均衡发展。

为促进“联包助帮”取得高质量的成果，需要在以下几方面继续完善：一是思想认识和重视程度不能松懈，要建立专班，科学规划，落实责任，有序开展；二是在方式方法上要灵活有效，线上线下相结合，把优质教育资源传递到共建学校，共同造福乡村孩子，特别要加强对乡村留守儿童的关注，最大限度地缩小其与正常家庭孩子的心理差距；三是在互助内容上要再创新，以“联校、包班、助生、帮师”为原则，坚持问题导向，全面提升“联包助帮”实效；四是城乡学校之间要加强实质性的互动和互助，乡村优质学校也要发挥教学质量、艺体特色和劳动教育等方面的优势，突出自身办学特色，努力营造以城带乡、以乡促城，优势互补、互利共赢的良好局面。

第 四 章

人工智能教育应用技术实验

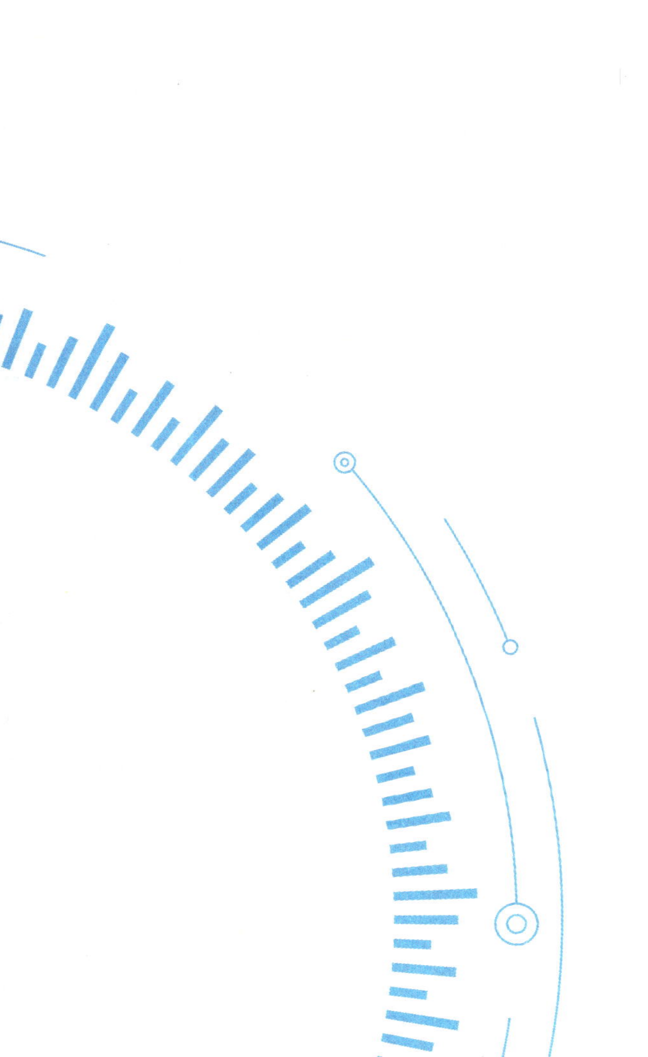

第一节 人工智能教育应用技术实验目标与路径

一、人工智能教育应用技术推动教育转型与智慧城市融合

随着科技的快速发展，人工智能已成为现代社会不可或缺的一部分。在教育领域，人工智能教育应用技术的出现和进步，为智慧城市的建设与发展注入了新的活力。

（一）分级分类推进新型智慧城市建设是国家重要战略

智慧城市是运用物联网、云计算、大数据、空间地理信息集成等新一代信息技术，促进城市规划、建设、管理和服务智慧化的新理念和新模式。建设智慧城市，对加快工业化、信息化、城镇化、农业现代化融合，提升城市可持续发展能力具有重要意义。2009 年，国内一些城市开始积极探索建设智慧城市。2010 年，北京、上海、宁波、杭州、武汉等城市正式启动智慧城市建设。2013 年，住房和城乡建设部开始开展智慧城市相关试点。2014 年开始，《关于加快实施信息惠民工程有关工作的通知》《国家新型城镇化规划（2014—2020 年）》《国务院关于促进信息消费扩大内需的若干意见》《关于促进智慧城市健康发展的指导意见》等智慧城市相关政策措施陆续发布，明确提出有条件的地方可推进智慧城市试点建设，到 2020 年建成一批特色鲜明的智慧城市。

2021 年，“十四五”规划提出，分级分类推进新型智慧城市建设，将物联网感知设施、通信系统等纳入公共基础设施统一规划建设，推进市政

公用设施、建筑等物联网应用和智能化改造。完善城市信息模型平台和运行管理服务平台，构建城市数据资源体系，推进城市数据大脑建设，加快数字社会建设步伐。

《数字中国发展报告（2021年）》显示，雄安新区、上海、浙江等地加快打造城市级城市信息模型基础平台，探索部署数字孪生应用试点。"一网统管"创新智慧城市整体智治新模式，中央网络安全和信息化委员会办公室等八部门联合启动国家智能社会治理实验基地建设，加快综合治理和城市管理、养老等重点领域治理应用探索。上海、浙江、四川等地加快打通智慧城市治理各条线，积极探索"一网管全城"。当前，我国智慧城市整体"智治"迈出新步伐，智慧城市三维空间数字底板建设加速推进，数字孪生城市建设加快探索。

（二）教育是智慧城市基本公共服务的重要组成部分

2018年，国家发展改革委、中央网信办会同有关部门组织开展新型智慧城市评价工作，在构建的《新型智慧城市评价指标（2018）》中，基础评价指标包含7个一级指标，具体包括创新发展、惠民服务、精准治理、生态宜居、智能设施、信息资源、信息安全。其中，惠民服务的二级指标教育服务分值占比3%，用于评价城市在教育领域为师生构建智慧学习环境、利用网络开展学习的情况（见表4–1）。2022年7月，在第五届数字中国建设峰会开幕式上，国家互联网信息办公室发布《数字中国发展报告（2021年）》，该报告中呈现的数字中国发展评价指标体系包含"数字基础设施""数字技术创新""数字经济""数字政府""数字社会""网络安全""数字化发展环境"等一级指标，其中一级指标"数字社会"包含教育服务、医疗服务、城市管理等6个二级指标（见表4–2）。

表 4-1 《新型智慧城市评价指标（2018）》之惠民服务指标

一级指标及权重	二级指标及权重	二级指标释义
惠民服务（26%）	政务服务（5%）	本指标用于评价城市政府创新服务模式，推进政务服务事项“一号申请、一窗受理、一网通办”的情况
	交通服务（2%）	本指标用于评价城市发展“互联网＋”便捷交通，提供交通出行信息服务的情况
	社保服务（2%）	本指标用于评价城市社会保障领域拓展线上线下服务渠道，推动跨地区、跨层级业务协同联动的情况
	医疗服务（3%）	本指标用于评价城市发展智慧健康医疗的便民、惠民服务，提升健康医疗服务效率和质量的情况
	教育服务（3%）	本指标用于评价城市在教育领域为师生构建智慧学习环境，利用网络开展学习的情况
	就业服务（2%）	本指标用于评价城市就业服务便捷化、多元化的情况
	城市服务（3%）	本指标用于评价城市推进“互联网＋”城市服务，发展便民服务新业态，实现城市服务与信息通信技术深度融合的情况
	帮扶服务（2%）	本指标用于评价城市利用信息化手段对残疾人群的帮扶情况
	智慧农业（2%）	本指标用于评价城市在信息技术用于农业生产、经营、服务和管理，推动农业质量变革、效率变革、动力变革方面的情况
	智慧社区（2%）	本指标用于评价实施“互联网＋社区”行动，推进城乡社区生活智能化情况

资料来源：国家发展改革委办公厅、中央网信办秘书局《关于继续开展新型智慧城市建设评价工作 深入推动新型智慧城市健康快速发展的通知》。

表 4–2 数字中国发展评价指标体系之数字社会指标

一级指标	二级指标	重点评估要素
数字社会	教育服务	多媒体教室、师生网络学习空间等教育服务情况
	医疗服务	远程医疗、预约诊疗等医疗服务便捷水平
	生活服务	电子社保卡、生活服务线上缴费便捷水平等
	交通服务	数字出行服务便捷水平
	法律服务	电子诉讼等法律服务情况
	城市管理	城市管理信息化平台建设情况、城市管理信息化平台运行水平等

资料来源：国家互联网信息办公室《数字中国发展报告（2021 年）》。

新型智慧城市建设、数字中国建设进一步加快了我国城市智能化进程，为城市智能教育示范提供了强有力的智能基础设施和服务能力，营造了技术创新、网络安全、智能化发展的社会环境，进一步促进城市教育的数字化转型和智能升级，为城市智能教育示范奠定了良好的实践基础。

二、人工智能教育应用技术引领智慧教育创新

随着人工智能、大数据、物联网等技术的蓬勃发展，教育领域正迎来前所未有的变革。在《教育信息化 2.0 行动计划》的推动下，智慧教育成为教育改革的新方向。人工智能教育应用技术作为这一变革的核心驱动力，正引领着城市智慧教育的创新发展。为了深入探索和实践智慧教育，《教育信息化 2.0 行动计划》明确提出了智慧教育创新发展行动，这一行动以人工智能、大数据、物联网等技术为基础，借助智能设备及

网络，开展了一系列智慧教育创新研究和示范。这些研究和实践不仅推动了教育的模式变革和生态重构，也为城市智慧教育的发展提供了有力支撑。

在此背景下，教育部于 2019 年和 2020 年先后启动了两批“智慧教育示范区”的遴选工作。这些示范区涵盖了全国多个省、直辖市的重点城市（城区），如北京市东城区、山西省运城市、上海市闵行区等。这些地区在人工智能教育应用技术的推动下，积极开展智慧教育的探索与实践，推动教育理念与模式、教学内容与方法的改革创新，提升区域教育水平。人工智能教育应用技术在这些示范区的应用也日益广泛。智能教学系统、个性化学习推荐、虚拟实验室等技术的应用，为学生提供了更加个性化和高效的学习体验。同时，这些技术也为教师提供了更加科学、精准的教学辅助，推动了教育质量的整体提升。

（一）智慧教育创新示范建设重点

2019 年 1 月，教育部办公厅《关于“智慧教育示范区”建设项目推荐遴选工作的通知》明确了“智慧教育示范区”6 大建设重点，即师生信息素养提升、探索新型教学模式、学生综合素质精准评价、构建个性化教学支持服务环境、提升区域教育资源供给服务能力、提升现代教育治理能力，并形成“智慧教育示范区”创建项目绩效评估指标体系，明确了每个建设任务评估对应的代表性观测点和基本要求，一定程度上为全国范围内以“智慧教育示范区”建设为代表的城市智能教育示范建设指明了方向（见表 4–3）。

表 4-3 “智慧教育示范区”建设重点

序号	建设重点	内容要点
1	以课程和实践为核心建构师生信息素养全面提升的途径和机制	全面落实信息技术课程标准，提升学生的信息意识、计算思维、数字化学习与创新和信息社会责任等核心素养。打造优秀在线课程，应用信息技术创新解决教学的痛点、难点，提升教师信息化教学能力。广泛开展信息技术类综合实践课，有效提高学生信息技术应用和创新能力。开展创客教育、跨学科学习（STEAM 教育）等多种形式的创新教育，培养学习者跨学科解决问题能力和创新能力。开设人工智能教育课程和实验项目，以应对教育科技的“零点革命”。
2	探索新型教学模式以推动信息技术与教育教学实践的深度融合	开展以学习者为中心的新型教学模式探索，推动人工智能技术在教学中的深度应用，增强和改善教育教学的有效性，提高学习者的学习体验，创造更加公平而有质量的教育。利用人工智能技术加快推动人才培养模式、教学方法改革，探索泛在、灵活、智能的教育教学服务新模式，促进“课堂革命”的有效有序开展。推动应用智能教学助手和智能学伴，提高教与学的效率，减轻师生负担。
3	依托学习过程数据提高学生综合素质评价的精准性	制定统一的数据采集标准和使用规范，充分灵活地利用大数据采集技术，依托学生综合素质评价指标体系和评估模型，全方位、多层次、伴随性采集学生学习过程数据，有效支撑学生综合素质评价体系和方式改革，实现规模化和精准化测评。深化教育大数据应用，分析学习过程，改善教学服务供给与学习需求的匹配度，优化教学服务质量和效率，实现教育服务的有效优质供给。
4	构建数据互联融通的个性化教学支持服务环境	将“智慧教育”纳入区域建设整体规划，打通学校、家庭和社会之间的数据壁垒，实现教育数据与社会数据系统的全面有效对接，拓展学习空间。全面加强各级各类学校数字校园建设，促进数字校园应用全面深入普及。实现各级各类教育资源公共服务平台和教育管理公共服务平台之间数据的融通，强化支撑个性化、适应性学习与教学的服务能力。

续表

序号	建设重点	内容要点
5	采用协同创新机制提升区域教育资源供给服务能力	建立统一规范，依托国家数字教育资源公共服务体系，汇聚科研机构和企业等各方力量，探索资源共享和服务供给新机制，采用智能技术汇聚优质教育教学资源，有效支撑学校和师生开展信息化教与学应用，全面提升区域教育信息化的支持服务能力。扩大优质教育资源覆盖面，利用信息化实现教育均衡发展，建立更加开放、更加适合、更加人本、更加平等、更加可持续的教育体系，为构建智慧社会奠定坚实基础。
6	利用人工智能和大数据等新技术提升现代教育治理能力	探索大数据辅助的科学决策和教育治理机制，有效支持教育政策的制定、教育教学改革及学校管理等。利用智能技术感知、采集和监测校园环境信息，及时了解师生动态，提升决策有效性和服务精准性。推进教育政务信息系统整合共享，推进教育“互联网 + 政务服务”，推进教育治理体系和治理能力现代化。

资料来源：教育部办公厅《关于公布2019年度“智慧教育示范区”创建项目名单的通知》。

2021年7月，工业和信息化部、中央网络安全和信息化委员会办公室、国家发展和改革委员会、教育部等十部门印发《5G应用“扬帆”行动计划（2021—2023年）》，明确到2023年，我国5G应用发展水平显著提升，综合实力持续增强。在社会民生领域，将打造一批“5G+智慧教育”样板项目。2021年9月，工业和信息化部、教育部联合组织开展“5G+智慧教育”应用试点项目，旨在培育一批以5G为代表的新一代信息通信技术与教育教学融合创新的应用标杆项目，引导5G赋能教育高质量发展。经遴选，2021年“5G+智慧教育”应用试点共有109个项目，其中69个项目牵头单位为高校。“5G+智慧教育”应用试点的研究主体、技术主体、应用主体绝大部分在城市。表 4–4 为“5G+ 智慧教育”应用试点主要方向。

表 4–4 “5G+ 智慧教育”应用试点主要方向

序号	主要方向	内容要点
1	5G+ 互动教学	建设智慧课堂，支持 5G 沉浸式教学、5G 直播互动教学等教学模式创新，鼓励跨校区课程共享协同，探索学校与博物馆、科技馆等教学教育场景互联。助力实验教学，支持 5G 技术教培实验、5G 虚拟仿真实验教学、5G 虚拟实习培训等应用，助力解决高成本、高危险、难操作等实验和培训项目实施痛点。探索集中学科实验教学中心建设，支持学生利用虚拟终端进行在线实验操作，解决偏远乡村学校实验教学困难问题。开展在线教学，利用各类 5G 智能终端接入线上教育教学资源，帮助学生便捷获得线上学习服务，解决网络延时卡顿等问题，提升师生、家校在线交流互动体验，推动教育资源均衡发展，促进教育公平。
2	5G+ 智能考试	探索智能在线考试，面向如体育、美育等户外和在线场景需求，无感知智能化采集考试过程数据，自动精准测量考试结果。开展智能巡考监考，实现考前身份验证、考中自动监考、考后记录备查等功能，助力考试公平。进行智能辅助批改，利用 5G 网络连接智能分析平台，自动分析学生的知识点掌握情况，辅助教师进行学情分析和答疑辅导。
3	5G+ 综合评价	学生评价方面，利用多样化数据采集终端、5G 网络、大数据云平台等构建学生智能分析评价系统，以智能化手段记录学生学习情况、体质健康、艺术素养等德智体美劳全要素过程性评价数据，支持无感式、伴随式数据采集，建立学生综合素质档案，绘制成长画像，进行大数据分析，智能感知学生学习状态变化等情况，加强个人信息保护，为个性化精准教学和心理健康干预辅导等提供依据。教师评价方面，利用 5G 等技术采集教师课前、课中、课后等各环节行为数据并开展关联分析，对教师的教学实绩和师德师风进行动态评价，促进教师素养全面提升。

续表

序号	主要方向	内容要点
4	5G+ 智慧校园	利用 5G 网络升级校园信息基础设施，构建 5G、光纤宽带、无线局域网融合的校园网络，实现校园设施、资源、师生的智能高速全连接，为学生的衣食住行学提供便利服务。深化平安校园建设，通过感应数据分析、音视频智能监测、自动校园巡逻等手段实现校园内主要区域 24 小时监测全覆盖，通过人群动态感知等技术对校园霸凌、意外危险等事件进行预警处置，提升校园安防综合水平。支持绿色校园建设，根据实时环境变化对水电、照明、空调等能源系统实现智能化调度。 对实验室、图书馆、体育场等校内设施及师生活动空间实行精细管理，为学生提供在线预约等便捷服务，提高校园资源利用率。开展共享校园应用，在校园内的科研环境、实训环境间基于 5G 等技术实现资源共享，打造无边界科研实验环境，促进教学科研人员基于授权模式快速获取交叉研究资源，合理利用实验成果。
5	5G+ 区域教育管理	研究 5G+ 人工智能协同设计对区域教育管理的科学支持作用，升级区域教育大脑和管理平台，依托 5G 网络实现区域内所辖学校运行状态数据的及时传送，动态监测分析各学校学位资源、学情数据、应急事件等信息，利用技术能力支撑教育主管部门进行管理决策和响应。

资料来源：工业和信息化部办公厅、教育部办公厅《关于组织开展“5G+ 智慧教育”应用试点项目申报工作的通知》。

（二）智慧教育示范创新特色

我国已进入全面建设社会主义现代化国家的新发展阶段。坚持创新、协调、绿色、开放、共享的新发展理念，是新时代的新特征。创新发展注重解决发展动力问题，协调发展注重解决发展不平衡问题，绿色发展注重解决人与自然和谐问题，开放发展注重解决发展内外联动问题，共享发展注重解决社会公平正义问题。

智慧教育创新示范的重要目标之一是构建智能技术支持下的全新教育生态，并非某个环节或局部的改革，而是整体创新和重构。2021 年 7 月，教育部等六部门《关于推进教育新型基础设施建设构建高质量教育支撑体系的指导意见》发布，提出以新发展理念为引领，以信息化为主导，面向教育高质量发展需要，从信息网络、平台体系、数字资源、智慧校园、创新应用、可信安全等方面展开新型基础设施体系建设，与各地推动城市智能教育创新示范基本一致。

在整体重构基础上突出区域创新特色是智能教育示范的重要落脚点。以首批“智慧教育示范区”为例，北京市东城区突出“数据大脑”建设，在智慧学习环境建设上强调未来学校探索；山西省运城市在优化公共服务方面提出重构开放、多元、融合的数字资源建设新途径；上海市闵行区充分发挥产学研协同创新优势，构建政府主导、高校研究、企业服务、学校实践的立体化教育服务供给模式；湖北省武汉市重视师生信息素养提升，绘制全市各区信息素养地图；湖南省长沙市在教育治理方面，升级智慧教育应用中心和大数据决策指挥中心，加强“互联网 + 教育”督导，为教育决策提供动态科学依据；广东省广州市在数据驱动评价方面，通过协同共享的方式在粤港澳大湾区中小学推行智慧评价，建立学生综合素质管理体系；四川省成都市武侯区侧重教育治理能力的提升，以“武侯智慧教育大脑”领跑教育治理新样态；河北省雄安新区以智慧教育发展作为推动京津冀教育协同发展的重要举措。

智能教育示范创新特色的呈现与区域智能技术积累和地缘优势具有关联性。比如，广东省深圳市既是新型智慧城市、中国特色社会主义先行示范区，又是全国第二批“智慧教育示范区”，其依托城市建设的长期积累，在政策、环境、地缘企业、技术赋能、科研、创新实践和经费投入等各个方面为新时期的智慧教育创新示范建设打下了扎实的基础。“十三五”期间，深圳市教育信息化支撑数字治理凸显成效，构建了教育大数据体系，有效支撑教育系统互联互通，学校信息化基础设施建设全国领先，教育城域网提速升级，校园5G网络全覆盖，教育云数据中心实现全容量使用。深圳市的“智慧城市”和教育信息化五年规划，体现了区域顶层设计的协同关联。根据《深圳市基础教育信息化“十四五”规划》，“十四五”期间要建设以“教学个性化、教研协同化、评价科学化、治理精细化、体系智能化”为典型应用特征，以“生态互联、全域协同、立体感知、持续进化”为典型技术特征的“鹏教智能体”。

三、人工智能教育社会实验超前探索

（一）人工智能社会实验的推动政策

人工智能是引领新一轮科技革命和产业变革的重要驱动力，正深刻改变着人们的生产、生活、学习方式，推动人类社会迎来人机协同、跨界融合、共创分享的智能时代。习近平总书记在致2019年国际人工智能与教育大会的贺信中指出：中国高度重视人工智能对教育的深刻影响，积极推动人工智能和教育深度融合，促进教育变革创新，加快发展适合每个人的教育、更加开放灵活的教育。联合国教科文组织面向全球发布的《一起重新构想我们的未来：为教育打造新的社会契约》指出，数字技术具有巨大的变革潜力，但我们尚未研究清楚如何发挥其潜能。以人工智能为代表的现代数字技术将革新教育教学模式，对教育对象产生长远影响，并通过融入教育活动对整个社会产生影响。但对人工智能应用技术落地带来的真实社会影响的科学测量和分析，仍然是研究的“盲区”。

当前，人工智能发展与应用实践带来了丰富案例、数据和场景，深入开展人工智能社会影响综合性研究，做好科技战略研究和政府决策咨询，将对人工智能社会影响的研究和预判更好地反馈到技术领域、技术路线的设计中，及时规避科技创新中的技术风险、社会风险、经济风险，具有深远的意义。我国高度重视人工智能发展对社会建设与社会治理的影响，出台了系列政策举措加以推动和保障。表 4–5 对人工智能社会实验相关国家政策进行了系统梳理。

表 4–5　人工智能社会实验相关国家政策

政策文件	政策举措
中央网络安全和信息化委员会《“十四五”国家信息化规划》	专栏 13　人工智能社会治理实验工程 1. 开展医学人工智能社会治理实验。探索人工智能在智能临床辅助诊疗、医用机器人应用、智能公共卫生服务、人工智能辅助药物研发、医疗设备智能管理等方向的应用效果，研究人工智能对医疗服务提供者和患者的影响、人工智能对疾病防控领域隐私和伦理的冲击、人工智能条件下疾病协同防控体系及相关法规政策。 2. 开展城市管理社会实验。研究探索人工智能对城市行政效率、城市运行管理、城市道路交通、提升居民满意度的影响。 3. 开展养老社会实验。探索人工智能应用与老年人幸福感、养老服务水平的相关性，研究人工智能应用对未来养老模式和服务内容、养老照护工作的影响，探索研究养老领域人工智能相关标准和政策。 4. 开展环境治理社会实验。探索人工智能条件下环境治理系统的运行模式和环境治理监管的协同模式，研究人工智能条件下环境治理对个人隐私保护、数据安全的影响。 5. 开展教育社会实验。研究人工智能对教育模式和教育对象的影响，探索人工智能融入教育对社会的影响。 6. 开展风险防范社会实验。探索研究人工智能与卫星遥感、视频监控、物联网、应急广播等相结合，在生产安全、城乡安全、自然灾害等领域风险早期识别、精准预报预警、减少人民群众生命财产损失。 7. 建设社会治理大数据与模拟推演科学研究平台。建设具备社会系统全要素数据汇聚、高精度超大规模模拟仿真、实时感知与推演、虚实结合大数据交互分析等功能的软硬件一体化科学研究平台，为国家和社会治理提供数据汇聚、模拟仿真、感知推演、交互分析支撑。

续表

政策文件	政策举措
科技部《国家新一代人工智能创新发展试验区建设工作指引(修订版)》	有序开展国家新一代人工智能创新发展试验区建设，充分发挥地方主体作用，在体制机制、政策法规等方面先行先试，形成促进人工智能与经济社会发展深度融合的新路径，探索智能时代政府治理的新方式。 开展人工智能社会实验，探索智能时代政府治理的新方法、新手段。开展长周期、跨学科的实证研究，从个人、组织、社会等维度对人工智能的综合影响进行持续观测、科学记录和综合分析。加强社会实验理论、方法和数据积累，精准识别人工智能挑战，把握人工智能时代社会演进的规律，提升智能时代政府治理的精准化、科学化水平。
国务院《新一代人工智能发展规划》	统筹布局人工智能创新平台，加快培养聚集人工智能高端人才。 完善人工智能教育体系……。鼓励高校在原有基础上拓宽人工智能专业教育内容，形成“人工智能 +X”复合专业培养新模式。 推动人工智能在教学、管理、资源建设等全流程应用。……开发智能教育助理，建立智能、快速、全面的教育分析系统。 广泛开展人工智能科普活动。实施全民智能教育项目，在中小学阶段设置人工智能相关课程，逐步推广编程教育，鼓励社会力量参与寓教于乐的编程教学软件、游戏的开发和推广。

（二）人工智能条件下教育社会实验

根据党中央、国务院的重要部署精神，教育部牵头对以社会实验为路径的教育智能化工作进行了整体规划与设计，教育部科学技术与信息化司成立了行业专家组，以定期工作推进会、课题支持、实验区调研、优秀案例评选等多种形式推进此项工作。人工智能条件下教育社会实验的 6 家实施单位分别是北京师范大学、华中师范大学、北京大学、浙江大学、中国教育科学研究院、之江实验室。

人工智能条件下教育社会实验主要依托以城市为主的人工智能教育先

行示范区域来开展，10 个实验区域分别是“互联网 + 教育”示范区（宁夏回族自治区）、教育信息化 2.0 试点省（湖南省），以及 8 个“智慧教育示范区”创建区域（北京市东城区、山西省运城市、上海市闵行区、湖北省武汉市、湖南省长沙市、广东省广州市、四川省成都市武侯区、河北省雄安新区）。

2021 年 5 月，中央网信办、国家发展改革委、教育部等六部门联合发文，公布了 2020 年人工智能社会实验地区典型案例名单，教育领域有 9 个案例入选，如表 4–6 所示。

表 4–6　人工智能社会实验地区典型案例名单（教育领域）

序号	人工智能社会实验地区典型案例
1	长沙市：人工智能智慧教育应用案例
2	运城市：人工智能选课系统应用案例
3	广州市广播电视大学：智慧培训应用案例
4	成都市武侯区：人工智能英语教学与考试应用案例
5	浙江大学：教材、课程、平台一体的产学研生态应用案例
6	雄安新区：人工智能教育实验室应用案例
7	广州电化教育馆：基于智能机器人的人工智能教育应用案例
8	浙江省：面向全国的智慧教育平台应用案例
9	广州教育研究院：智慧书法应用案例

资料来源：《关于印发 2020 年人工智能社会实验地区典型案例名单的通知》。

2021 年 6 月 23 日，由教育部科学技术与信息化司主办、教育部教育信息化战略研究基地（北京）承办的教育部人工智能条件下教育社会实验专题培训第一期培训班在北京师范大学举行。北京师范大学、华中师范大学、北京大学、浙江大学、中国教育科学研究院、之江实验室等6家人工智能条件下教育社会实验实施单位的30余名研究人员、实验设计人员、数据跟踪和实验结果应用推广人员参加了培训。

培训邀请了多位专家教授和相关课题组负责人围绕方法研讨、理论认知、实操模拟、跨行业案例探究等主题模块为学员授课。经过研讨，6家实施单位就人工智能教育社会实验工作框架、实施流程及目标产出，达成了较为普遍的共识，将进一步统一思想，明确目标，以更好地达成人工智能条件下教育社会实验实施单位间的咨询联动机制，加大对实验地区的支持力度，将人工智能条件下的教育社会实验工作做好做实。

2021年6月25日，由教育部科学技术与信息化司主办、教育部教育信息化战略研究基地（北京）承办的教育部人工智能条件下教育社会实验专题培训第二期培训班在北京师范大学举行。10个实验区域的教育行政部门相关工作人员、参与实验工作的校长和教师代表共计100余人参加了培训。

培训邀请了多名专家教授和课题组负责人，围绕方法研讨、理论认知、实验模拟等主题模块为学员授课；邀请了各地区相关干部分享了区域教育实验设计与智能化治理实例和家庭、学校、社会中人工智能教育社会实验案例；在分组讨论环节，由6家实施单位专家共同组成的辅导老师团队，对10个实验区域进行“一对一”的小组讨论辅导，引领区域讨论形成开展人工智能条件下教育社会实验的完善设计与规范操作举措。培训旨在贯彻党中央、国务院的部署精神，落实教育部的工作安排，指导实验地区结合区域特色设计区域实验方案，持续落实区域人工智能条件下教育社会实验任务。

（三）国家智能社会治理实验基地（教育）

2021年5月，中央网信办、国家发展改革委、教育部等八部门联合发布《关于组织申报国家智能社会治理实验基地的通知》，组织开展国家智能社会治理实验基地建设，旨在深入开展人工智能社会实验工作，按照“十四五”规划关于加快数字化发展的重要部署，超前探索智能社会的运行模式、法律法规、标准规范、政策体系、体制机制等。

国家智能社会治理实验基地的建设目标：到2025年，布局建成若干国家智能社会治理实验综合基地和一批特色基地，搭建一批智能社会治理典型应用场景，总结形成智能社会治理的经验规律和理论，出台一批智能社会治理的标准、规范和政策措施，完善适应智能社会治理的体制机制，打造一批智能社会治理的示范和样板，助力国家治理体系和治理能力现代化建设。

国家智能社会治理实验基地的建设任务：一是搭建智能社会治理应用场景。利用领先的人工智能技术，围绕社会治理重点领域，超前一步搭建智能社会治理应用场景，展示智能社会的特征和情境，探索智能社会治理的难点和热点问题。二是总结智能社会治理经验理论。基于搭建的应用场景，采用社会实验等多种研究方法，分析总结智能社会治理的经验，探索发现人工智能技术给社会治理带来的伦理、道德、安全、法律等问题，扩展对智能社会本质规律的认知，探索提出智能社会治理的新理论。三是制定智能社会治理政策标准。针对智能社会治理中暴露出的问题，研究提出有关智能社会治理的应用标准或规范，制定出台行业或地区的政策举措，研究制定行业和地区的法律法规。四是建立适应智能社会的治理机制。结合智能社会治理实践经验，提出适用于智能社会条件下的社会治理流程再造方法，探索形成智慧社会治理的体制机制，建立适应智能社会的治理机制。

国家智能社会治理实验基地的申报条件：一是具备明确的建设主体，包括搭建技术水平领先应用场景的技术主体，承载实验具体场景的应用主体，数据分析、理论总结和政策、标准制定经验丰富的研究主体。二是具备典型的应用场景，聚焦教育、卫生健康、养老、社区治理、城市管理、环境治理、体育等具有普遍性意义的领域，所应用技术领先、适用。三是具备良好的支撑条件，拥有开展实验所需的高水平网络基础设施、人工智能技术研发机构、人工智能骨干企业、组织实施团队，实验地区对实验有明确的资金、人才、政策等方面的支持。四是规范的组织管理，拥有强有力的实验组织领导机制，承担实验工作的技术主体、应用主体和研究主体，推进实验所需的考核和管理制度或机制，以及目标明确、分工清晰、切实可行的实验方案。

2021 年 9 月，中央网信办、国家发展改革委、教育部等八部门联合公布国家智能社会治理实验基地名单。其中，教育领域的特色基地共 19 个（见表 4–7）。

表 4–7 国家智能社会治理实验基地（教育）

序号	实验地区 / 单位	申报单位
1	浙江大学	浙江大学
2	华中师范大学	华中师范大学
3	清华大学	清华大学
4	宁夏回族自治区	宁夏教育信息化管理中心
5	湖南省长沙市雨花区	雨花区教育局
6	湖北省武汉市	武汉市教育局
7	重庆两江新区	两江新区管委会
8	东南大学	东南大学
9	北京大学	北京大学
10	广东省广州市	广州市教育局
11	北京市东城区	东城区教委
12	安徽大学	安徽大学

续表

序号	实验地区 / 单位	申报单位
13	四川大学	四川大学
14	复旦大学	复旦大学
15	四川省成都市	成都信息工程大学、四川省委网信办、成都市双流区人民政府
16	河北雄安新区	雄安新区公共服务局
17	华东师范大学	华东师范大学
18	南京农业大学	南京农业大学
19	黄河水利职业技术学院	黄河水利职业技术学院

第二节　广东深圳云端学校数字化资源共享提升区域教育质量实验

一、目的与假设

（一）幼有善育、学有优教，打造民生幸福标杆

教育事关民族兴旺、人民福祉和国家未来。党的十九大报告明确提出，幼有所育、学有所教、劳有所得、病有所医、老有所养、住有所居、弱有所扶。2019 年 8 月，中共中央、国务院《关于支持深圳建设中国特色社会主义先行示范区的意见》中明确的五大战略定位之一是“民生幸福标杆”：构建优质均衡的公共服务体系，建成全覆盖可持续的社会保障体系，实现幼有善育、学有优教、劳有厚得、病有良医、老有颐养、住有宜居、弱有众扶。从党的十九大报告的“幼有所育、学有所教”到《关于支持深圳建设中国特色社会主义先行示范区的意见》“幼有善育、学有优教”的两字之变，说明作为先行示范区，在推动解决人民日益增长的美好生活需要和不平衡不充分的发展之间的矛盾方面，深圳教育要走在时代前列。

“十三五”期间，深圳市教育事业发展取得显著成效。深圳市教育规模持续扩大，教育普及化水平全国领先，基础教育总体发展水平全省领先。深圳市加大财政投入和学位保障力度，各级各类教育迈向高质量发展。各区高分通过国家义务教育发展基本均衡区验收，创新教育、智慧教育成为基础教育新特色。深圳成为“教育部基础教育综合改革实验区”“智

慧教育示范区”“基于教学改革、融合信息技术的新型教与学模式实验区”“普通高中新课程新教材实施国家级示范区”。

扩规模与提质量是深圳教育进入新时代面临的双重挑战。基础教育学位供需矛盾尚未得到根本性缓解，教育发展不平衡不充分问题仍然突出；优质教育资源还不能有效满足市民需求。并且，深圳在教育领域新旧主要矛盾并存：一方面是供给的总量不能满足人民日益增长的需求，部分教育用地成本很高，老旧小区和城中村片区学位配套不足等问题迫切需要以更大的魄力、更强的措施、更严的监督加以破解；另一方面，发展不平衡不充分的问题也比较突出，不能满足人民对美好生活的需要。

2020 年 12 月，中共深圳市委、深圳市人民政府印发了《关于加快学位建设推进基础教育优质发展的实施意见》，旨在直击难点，以最实举措来破解深圳学位建设的“中梗阻”。一方面突出前瞻性，综合未来人口增速、班额标准、教育先行示范等方面的因素，规划到 2025 年新建学位近百万座，有效缓解学位供需矛盾。另一方面，突出优质性，实现基础教育规模与质量“双提升”。该实施意见强调，推进义务教育优质均衡发展，包括硬件条件优质均衡、师资队伍高素质建设优质均衡；同时完善义务教育的入学机制，加快推进集团化办学，积极探索未来教育形态，扩大优质教育资源共享。

民生幸福是中国特色社会主义的价值追求。幼有善育、学有优教，深圳建设中国特色社会主义先行示范区，加快推进教育发展改革和先行示范，解决“入学难”“择校热”等教育共性问题，真正实现因材施教、教育优质均衡，推动基础教育迈向高质量发展。

（二）探索未来学校新样态，实现深圳基础教育先行示范

随着人工智能、大数据、云计算等新技术的兴起，全球迎来新一轮科技革命和产业变革，新技术重塑教育形态，未来教育和智慧教育正以不可

阻挡的趋势加速到来。深圳始终把教育信息化作为推进教育现代化发展的重要引擎，深入谋划教育高质量发展顶层设计，探索教育体制改革先行先试。

（1）深圳创新活力和技术优势为基础教育先行示范提供强有力支撑

中国科技信息研究所著作的《国家创新型城市创新能力评价报告2021》显示，深圳位列2021年国家创新型城市第一。深圳创新能力指数为85.17，属于创新策源地类别城市。从创新能力构成看，深圳的创新治理力、成果转化力、技术创新力、创新驱动力均在全国72个创新型城市中排名第一位，其中创新治理力高达96.4分。2022年5月，《深圳市自主创新能力建设“十四五”规划》发布，提出到2025年，科技和产业自主创新能力达到世界一流，基本建成具有全球影响力的现代化国际化创新型城市，集聚一流创新资源、营造一流创新环境、培育一流创新集群，在核心技术领域抢占全球科技制高点，成为粤港澳大湾区国际科技创新中心核心引擎。其中，该规划的任务之一是强化民生领域创新能力支撑，着力打造智慧民生幸福标杆城市。加快健全医疗卫生、健康养老、教育创新、文体娱乐和交通治理等创新体系，不断满足多层次、多样化民生需求，率先建设更高质量、更高水平的民生幸福标杆城市。

此外，深圳市拥有高科技电子信息、互联网产业集群，信息化水平和智慧城市建设水平位居全国前列，为深圳市未来教育、智慧教育的发展提供了强有力支撑。

（2）深圳深入发展智慧教育，系统推动教育数字化转段升级

2014年，深圳市在全市122所学校开展智慧校园试点，2015年评选出3批共100所智慧校园示范学校。2016年，宝安区启动重大项目打造“互联网+智慧教育”应用示范区，开展智能化工程建设。2018年，福田区实施“AI赋能教育3.0”计划，开展“全息未来教育云+端”项目、智慧交互课堂等智能教育项目实践探索。2019年，罗湖区建立罗湖智慧教育云大数据中心、罗湖教育人工智能融合的大数据集群，搭建全覆盖的

实时智慧教育大脑。2020年，深圳市获批教育部“基于教学改革、融合信息技术的新型教与学模式实验区”，将孵化一批融合信息技术教学应用和深圳基础教育改革创新的标志性成果，培育100所新型教与学模式实验校，凸显深圳教育创新、智慧、多元、开放的先行示范效应。2021年，深圳市获批教育部“智慧教育示范区”，充分利用信息技术构建智慧学习环境、创新教学模式、建立现代教育制度，推动教育信息化融合创新发展，实现教育理念与模式、教学内容与方法的改革创新，积累可推广的先进经验与优秀案例，形成支撑和引领教育现代化的新途径和新模式。在国家级“示范＋实验”双区驱动下，深圳市创新人才培养方式，促进教育系统转段升级。

（3）以云端学校作为重要抓手，探索未来学校新样态

打造代表未来教育新常态的云端学校，是深圳市作为“基于教学改革、融合信息技术的新型教与学模式实验区”“智慧教育示范区”（简称“双区”），全面探索教育服务和教育治理新模式，呈现智能化的教育新样态的重要内容。深圳以云端学校为试点，打造以5G、人工智能、云计算、物联网、大数据等新一代信息技术为支撑，能打破学科的界线、学校的界线、学段的界线，突破现有学校形态限制和时空限制，利用线上线下混合式学习方式，集资源、教学、教研、评价、管理于一体的资源共享智能化服务集成平台。

云端学校进行线上学习和线下学习混合、课堂正式学习和社会非正式学习混合、同步学习和异步学习混合等试点探索，是一所与国际化教育接轨、具有粤港澳大湾区风范，体现深圳质量、品质教育的新型未来学校，利用互联网打开学校边界，让知识无处不在，资源触手可及，师生自主发展。

二、环境与组织

（一）深圳市建立市、区、校三级协作共同体推进“双区”建设

深圳市在推进“双区”建设进程中，坚持市级统筹与区校协同，进行机制建设与创新，建立市、区、校三级协作共同体，设立了市级实验项目、区级实验项目、校级实验项目，市级统筹、区级保障、校级实践，构建市、区、校一体化发展的格局。在深圳市、区、校三级协作共同体中，市级层面侧重于顶层设计、整体谋划，做好政策、项目、进度和数据等“四项统筹”。

（二）云端学校作为市级统筹项目，由教育局统一部署实施

云端学校项目作为“双区”建设核心任务之一，在市、区、校三级实验项目中被定为市级项目，由深圳市教育局牵头统一部署实施。

市级层面以云端学校为抓手，推进综合实验探索，为学生呈现包括各类智慧教育的手段方法、以教育教学方法改革为导引的课堂革命，让学生最大限度享受到全国最优质的教育资源。

《深圳市教育发展“十四五”规划》明确，建设深圳市云端学校，以新一代信息技术为支撑，打破传统学校有形边界和物理空间，建设沉浸式的智能教学环境，形成“总部校区 +N 所入驻学校”的教与学共同体，打造结构化创新教师团队，探索个性化教学，实现优质教育资源共享。以深圳市云端学校为引领，各区建成辐射全区的云端学校，探索教育教学方式变革，探索智能时代基础教育优质均衡发展新路径。

《深圳市基础教育信息化“十四五”规划》把推进课堂教学深度变革作为发展目标之一。具体目标包括：高起点建成一所代表未来学校新样态的云端学校；推进教育智能升级典型应用工程，聚焦智能课堂应用；以“双区”建设为抓手，探索新型教与学模式，建设高水平云端学校。表 4–8 呈现了深圳市“双区”建设市、区、校三级实验项目的具体内容。

表 4–8　深圳市“双区”建设市、区、校三级实验项目

项目级别	内容
市级实验项目	市级以云端学校为抓手，推进综合实验探索。以创建深圳云端学校为试点，打造以 5G、人工智能、云计算、物联网、大数据等新一代信息技术为支撑，利用线上线下混合式学习方式，集资源、教学、教研、评价、管理于一体的资源共享智能化服务平台。为学生呈现包括各类智慧教育的手段方法、以教育教学方法改革为导引的课堂革命，线上线下融合的教学方式，让学生最大限度享受到全国最优质的教育资源，实现未来学校新样态。
区级实验项目	围绕新型教与学模式改革的内涵要求，确定区级五个实验方向，包括课程变革与跨学科融合、教与学模式创新、教育大数据采集与应用、新型教师队伍建设和体制机制改革。各区可从课程变革与跨学科融合、教与学模式创新、教育大数据采集与应用三个方向，选择一个方向为重点，协同队伍建设与体制机制建设两个方向，以“1+2”模式系统化推进。
校级实验项目	学校可从课程变革与跨学科融合、教与学模式创新、教育大数据采集与应用三个方向之中选择一个具体实验项目，以该实验项目为突破口，系统化推进改革实验，重点突破带动整体改革。

资料来源：根据《深圳市教育局“基于教学改革、融合信息技术的新型教与学模式”实验区实施方案》整理。

（三）云端学校打造“总部校区 +N 所入驻学校”平台型学校样态

云端学校以人工智能、互联网、物联网、大数据、云计算等新技术为手段，打破传统学校有形边界和物理空间，打造“总部校区 +N 所入驻学校”平台型学校样态，实施线上线下深度融合教育，直播互动教学，注重人才个性化培养。总部校区为市局直属校，入驻学校按原隶属关系管理，性质不变。入驻学校中参与云端学校学习的班级称为入驻班。

2021 年，深圳市教育局面向全市各初中学校（含九年一贯制学校）开展首批入驻学校遴选工作。每所入驻学校在初一年级遴选两个自然班进行试点，以语文、数学、英语作为试点学科，其他学科逐步跟进。

深圳市教育局对首批入驻学校的作息时间、功能教室配置、校级项目主管领导、教师和技术支持人员提出了明确要求，具体如表 4–9 所示。

表 4–9　云端学校首批入驻校要求

序号	要求
1	在初中学段执行云端学校统一作息时间表。
2	提供 3 间位置相邻的教室，其中 2 间作为入驻班教室，1 间作为功能室。教室及功能室第一期建设费用由云端学校承担。
3	安排 1 位副校长负责本校云端学校工作。
4	选配 1 或 2 组师德高尚、业务精湛、有较高信息素养的语数英教师团队开展直播互动授课。组织入驻班其他全部学科云端教师团队同培同研。入驻班教师直接纳入云端学校名师培养体系。
5	安排专人协调、跟进、配合设备设施的安装工作。

表 4–10 “总部校区 +N 所入驻学校”首批学校名单

序号	区属	学校名称
主场学校（2 所）		
1	市直属	深圳高级中学集团（南校区）
2		深圳高级中学集团（北校区）
入驻学校（13 所）		
1	市直属	深圳高级中学集团（东校区）
2		深圳市第三高级中学（初中部）
3		深圳市第二实验学校（初中部）
4	福田区	深圳市福田区实验教育集团梅香学校
5	罗湖区	深圳市罗湖外语初中学校
6	南山区	深圳市南山外国语学校（集团）滨海学校
7	盐田区	深圳市盐田区云海学校
8	宝安区	深圳市新安中学（集团）第一实验学校
9	龙岗区	深圳市龙岗区龙城高级中学（教育集团）宝龙外国语学校
10	龙华区	深圳市龙华区第三实验学校
11	坪山区	深圳市坪山区坪山实验学校
12	光明区	深圳市光明区凤凰城实验学校
13	大鹏新区	深圳市大鹏新区华侨中学

2021 年 9 月 1 日云端学校开学，首批遴选了 15 所学校，覆盖福田区、罗湖区、南山区、盐田区、宝安区、龙岗区、龙华区、坪山区、光明区、大鹏新区等 10 个区。汇聚了深圳市众多优质资源。首批入驻学校名单具

体如表 4–10 所示。首批云端学校同时也是深圳“双区”建设 100 所实验校成员单位，表 4–11 呈现了各校办学特色。

表 4–11　云端学校首批学校办学特色

1. 深圳高级中学集团：面向未来的 GLOBE 教育

深圳市高级中学集团四个成员校中，有办学 24 年的优质高中——中心校区，有办学 34 年后并入集团且在变革中形成良好口碑的品牌初中——南校区，有办学 5 年的九年一贯制新学校——北校区，还有一个位置相对偏远但贯通小、初、高三个学段的新校区——东校区。集团办学呈现三个特点：跨区域办学，物理空间跨度大；跨学段办学，覆盖基础教育 12 年全程；名校带新校，校区发展基础存在较大差异。

GLOBE 教育项目是代表深圳高级中学集团品牌课程的重点项目，也是广东省和深圳市重点创新课题项目，是运用全新的教育思维、教学方法和学习方法培养适应未来社会发展和竞争的具有未来意识、未来思维、未来文化的未来公民的，融品德教育、行动与服务、技能培养、能力训练、综合素养提升等为一体的教育。GLOBE 教育项目课程包括全球公民意识（Global citizenship）、领导气度（Leading sentiment）、开放视野（Open vision）、基本素养（Basic literacy）四个板块。GLOBE 课堂教学九大原则是：问题导向、合作探究、多维互动、敢于批判、认知互联、阅读演讲、价值提升、文化引领、点亮智慧。

2. 深圳市第三高级中学：“名师工作室”最多的学校之一

深圳市第三高级中学秉承“为每一个学生的终身发展奠基”办学理念，坚持办优质特色完全中学的办学思路，全面推进素质教育，形成了“深圳三高”初中教育与高中教育协同发展、普通教育与国际教育融通发展的办学特色。

教师队伍中，有享受国务院特殊津贴专家、教育部“国培计划”专家、教育部基础教育课程教材专家工作委员会委员、广东省督学、广东省学科带头人、广东省普通高中教学水平评估专家、深圳市政府特殊津贴专家、市名校长和十佳优秀校长、市地方级领军人才等多人，是深圳市实施“名师工程”以来全市所有学校中名师比例最高及“名师工作室”最多的学校之一。

续表

3. 深圳市第二实验学校：五育互育，整体育人

深圳第二实验学校传承“有教无类，以人为本，五育互育，全面发展，促进每一位学生最优成长”的办学理念。获评“广东省首批国家级示范高中”“深圳教育改革示范学校”“深圳课堂革命示范学校”“深圳市教科研基地”，连续16年获深圳市“高考卓越奖”，被誉为“深圳市最具影响力学校”。学校非常重视智慧校园的建设，2015年被评为深圳市第一批中小学智慧校园示范学校。

学校实施书院制办学，提供丰富多彩的课程套餐，建立专业化书院课程体系和学生自主管理体系，形成了独具特色的个性化人才培养体系，为培养人文、数理、科技、艺术、体育、国际化等方面的创新人才搭建了广阔的平台。

4. 深圳市福田区实验教育集团梅香学校：“未来学校”育“未来人才”

深圳市福田区实验教育集团梅香学校坚持“向生活求教，为未来育人”的集团办学理念，对标“未来学校”，构造“云教育＋实践场”的新型学校形态，努力打造素质教育的示范、现代学校治理的示范、立德树人的示范、五育并举的示范、教师发展的示范，立志成为深圳乃至全国“未来教育”的示范。

5. 深圳市罗湖外语初中学校：课堂革命培养深度学习者

深圳市罗湖外语初中学校以“人人成为深度学习者”为办学理念，以“建设一所社会主义先行示范区的初中示范校”为办学目标，以“培养具有健康、睿智、尊重、审美、勤劳五大素养的阳光公民”为培养目标，获得深圳市教育系统先进单位、深圳教育改革榜样学校、深圳“年度最具家校互动典范学校”等荣誉。

2019年，罗湖教改深入推进“课堂革命”，秉持“为学习设计教学”的核心理念，确立“以生为本、以学立教、教学共振、教学相长”四条基本原则，着力于构建课堂教学新模式，促进学生学会学习。“课堂革命”确定了“基本式＋变式”的推进策略，即全区探索一个课堂教学“基本式”，各学校可以有“变式”；各学校探索一个“基本式”，各学科可以有“变式”；各学科探索一个“基本式”，每位教师可以有“变式”；每位教师探索一个“基本式”，各种课型可以有“变式”。

6. 深圳市南山外国语学校（集团）滨海学校：人工智能普及教育

深圳市南山外国语学校（集团）滨海学校秉承“让每一个学生都优秀，让每一个孩子都精彩”的育人宗旨，倡导“个性化素质教育”，即承认学生个性差异、尊重学生个性特点、强化学生个性优势、优化学生个性结构，着力开发学生潜能。

续表

作为南山区首批人工智能教育试点校。学校致力于开展中小学人工智能普及教育，构建“人工智能＋教育”生态体系，实现每个学生都能接受人工智能教育。小学阶段让学生能够感知、体验、分辨人工智能，逐步培养计算思维。初中阶段让学生初步理解人工智能实现的知识体系，培养高级计算思维。高中阶段让学生能够理解和实现专题性人工智能技术，了解人工智能发展与应用前沿。
7. 深圳市盐田区云海学校：科技创新教育的智慧校
盐田区云海学校以“教育成就人生幸福”（幸福教育）为办学理念，以“让世界因我而更美丽！”为校训，以“科创教育”为办学特色。 云海学校以科技立校，重视科创教育，培养创新精神。学校获评“2021深圳市教育工作先进单位”，成为中国教育科学研究院“未来教育联盟实验校”，被评为“年度最具未来特色学校”，被教育部授予“校本课程实验校”称号，被深圳市政府评为“深圳市创意文化示范学校”。学校物联网设备设施配备到位，STEM课程体系完善，学校开发了内容丰富的“云海100”校本课程，开设了包括“艺术·创客”“科学与STEM”等各门类近百门社团课程。
8. 深圳市新安中学（集团）第一实验学校：打造未来教育新常态云端学校
深圳市新安中学（集团）第一实验学校以“科技创客＋体育教育”为发展特色。学校以信息技术和“互联网＋教育”为依托，科学与人文并重，实践、创新、劳技三能合一，以课程开发为牵引，构建科技创客与体育专长特优发展。被评为“全国科技体育传统学校”“中国机器人奥林匹克实验学校”“首批广东省青少年科技教育创新团队”“深圳青少年创客教育基地”等。 学校围绕打造代表未来教育新常态的云端学校，以云端入驻班为基础，探索“双线混融、双师授课、多师协同”教学新模式。
9. 深圳市龙岗区龙城高级中学（教育集团）宝龙外国语学校：龙岗区首个“未来学校”
龙城高级中学（教育集团）宝龙外国语学校是龙岗区着力打造的“未来学校”示范标杆校。学校充分利用学校建设标准高、空间大等优势，深化课堂改革，积极打造泛在化学习社区，创新多元赋能课程。 学校全面打造未来特征教室，拓展多方式学习空间，积极打造“全开放，全覆盖，线上线下双结合”为特征的泛在学习环境，使环境与教育教学行为充分契合，真正实现“以学习者为中心”的理念。学校积极筹建“中国芯”芯片科普馆、无人机体验中心、体适能测试体验中心、国际理解教育中心等泛在学习社区。

续表

10. 深圳市龙华区第三实验学校：三生教育“创生涯”课程育人特色

深圳市龙华区第三实验学校以“三生教育”为办学理念，即“基于生涯，融于生活，成就生命”。生涯教育是载体，是学校践行教育理念的重要着眼点；生活教育是过程，生涯教育与生活场景紧密结合；生命教育是目标，引领学校教育最终成就生命个体，成就无限精彩的生命状态。龙华区第三实验学校以小组合作、项目式学习、一贯制学制、智慧课堂为抓手，凝练生成学校“创·生涯”课程体系，提出三生教育“创·生涯”课程育人特色素养——觉察认知、探索创新、科学决策，并在此基础上形成“创生涯”课程方案的课程目标——培养学生的认知力、探索力、决策力、创新力，为学生打造呈现生命多样态的舞台。

11. 深圳市坪山区坪山实验学校：首家校园汉字博物馆

坪山实验学校坚持无围墙办学理念，在开好国家课程的同时，开设普及发展类课程和社团特长类课程，形成主干课、特色课、长短课相结合的优才课程套餐。充分利用周边文化聚落的资源优势，把课堂延伸到区图书馆、美术馆、展览馆等，增加课外文体活动时间，让孩子们快乐学习、阳光成长。获评“全国优秀家长学校”“广东省书香校园”“深圳市最具变革力学校”“深圳市中小学生探究生小课题优秀示范校”等荣誉称号。

学校东校区开设了首家校园汉字博物馆，系统化开设了“汉字‘根’课程”。通过展区与活动区融合的空间设计，使同学们体验汉字文化。博物馆用文字、甲骨文骨片、石鼓文、瓦当、秦简等的仿品与互动道具为参观者带来一场精彩的穿越之旅。

12. 深圳市光明区凤凰城实验学校：凤实特色的项目式学习模式

深圳市光明区凤凰城实验学校依托人工智能、物联网、云计算等新型信息技术，全面打造智慧校园，创建示范性学校。联合广东省智能制造研究所共建实验室，以“智能化技术”科普研学实践为框架，在智能传感、智能装备、智能机器人等领域开展深度合作，为中小学生提供智能技术化研学实践平台。

学校以跨学科项目式学习为特色，将项目式学习与“基于教学改革、融合信息技术的新型教与学模式”实验校建设相结合，积极探索未来教育新范式。建设智能化校园，与劳动教育、综合实践及学校特色课程建设相结合，开发出富有凤实特色的项目式学习模式。做到每学期“一年级一主题、一科组一项目、一项目组一特色”，保证每位学生每学年参与 2 个以上的项目式学习。

续表

13. 深圳市大鹏新区华侨中学：以“侨”为特色的学校
大鹏新区华侨中学的校训是“大海其怀，大鹏其志”，学校秉持“坚苦、忠恕、兼容”的华侨精神和“办有内涵有品质的教育，建有温度有故事的学校”的办学目标，积极实施扬长教育和温度教育，致力于培养志明、坚毅、学达的鹏城少年。学校以美术、体育和科技三大特色，先后获得“深圳市园林式、花园式达标单位”“深圳市（帆板）体育传统项目学校”“广东省校园篮球推广学校”“广东省创建全国文明校园先进学校”“全国校园足球特色学校”“中国新样态学校联盟实验学校”“全国生态文明教育示范学校”等荣誉称号。

三、方法与工具

云端学校以全新的理念对学校的功能作用、空间设计、师资团队、课程体系、教学组织、学习方式、教育评价等进行重构，完成教、学、研等场景的流程再造，形成教育教学新样态。作为市级实验项目，云端学校从学校管理、师资结构、教学形式等方面探索市、区、校一体化协同办学模式。

（一）云端学校八大场景服务

直播互动课堂　创设“常态化、全学科、多主讲、直播互动+智能辅助”的新型教学模式。教室的边缘计算智能辅助系统帮助主讲教师即时分析提示远端教室学生学习状态和需求，提醒辅助教师关注本地学生学习状态。

泛在个性学习　支持“跨校组班、多师协同、最优助学、线上/线下无缝融合、自由切换”的自主学习模式。教师提供线上答疑。

多师同培同研　形成“全国知名专家深度参与、市教研员驻点指导、市内名师牵头”的嵌入式同研同培教研模式。

备课资源应用 在首席教师带领下，每位教师构建自己的系统化的便于检索的备课资源包（教学设计、音频、图像、练习等）。在每节课同研同培后，所有教师录制课前微课。

作业采集推送 课后作业经批改后由专用设备进行信息采集，结合课堂信息形成学生学业画像，智能推送个性化作业。

特色延时服务 在延时服务期间，为学生提供兴趣社团课程。社团活动实现跨校组班，课程内容由总部校区和各入驻校共同提供，实现优质特色资源共建共享。

云端答疑解惑 通过“云端之家”智能服务，个性化解决学生当日学习中的疑惑，为学生提供开放性问题研究平台，为家长提供合作交流共育平台，为学生提供自主记录学习生活及心理感受的云空间。

智能教育管理 通过系统可随时随地查看实时数据、教育教学活动场景。管理者可接收到异常情况智能推送，通过物联云掌控云端学校所有设备设施，通过管理系统进行工作交流和协同。

（二）云端教室设备统一配置

作为云端学校的学习空间载体，各个学校的云端教室设备配置均相同，能互为主讲或听讲教室，师生可在任意教室间互动（见图 4–1）。通过物联中控，实现云端教室设备的状态检测和全自动控制。通过“深圳教育城域网 +5G”的网络双保障，实现了低时延的直播互动。

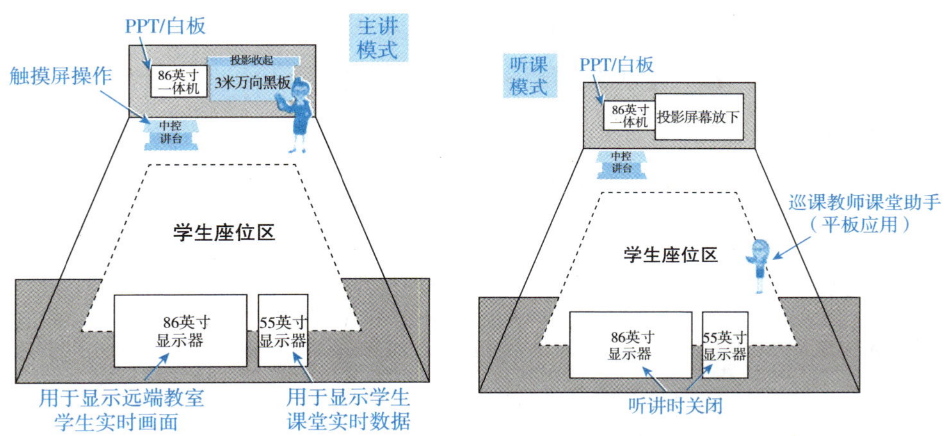

图 4-1　云端教室统一设备配置结构

（三）云端双师体现学有优教

云端学校采用“常态化、全学科、多主讲、直播互动＋智能辅助”式的双师教学模式。

主讲教师履行“云端精讲、云端互动、云端呈现、云端生成”的教学职责，将最精华、最典型、最核心的知识和方法高效率、高水平呈现给全体云端班学生，组织结构化教学团队同研同培，实现教学资源动态优化。

每位辅助教师经过各入驻校的层层选拔，积极参与云端教学团队同研同培。云端课堂上，辅助教师协助主讲教师开展课堂教学，关注学生学习行为和健康习惯，引导组织本班学生积极参与云端互动，落实课堂练习，立足本班学情开展答疑。

主讲名校名师团队与辅助名师共同教学，形成线上线下双师课堂，学生直接与名师互动，真正实现学有优教。

（四）嵌入式同研同培保障教学质量

云端学校开创了“全国知名专家深度参与、市区教研员驻点指导、市区名师牵头”的嵌入式同研同培教研模式。主讲教师和辅助教师针对每一节云端课的内容，通过线上线下相结合的方式与教研员、学科专家开展教研活动，充分发挥集体智慧和“长板效应”，打磨出最经典的云端课堂。采用三“双”制保障同研同培活动高效进行：一是双周制，即一周线上同研同培，一周线下同研同培；二是双辅制，即课前用细节说明辅助课堂教学，课后用教学反思辅助后续教学；三是双导制，采用教研员和云端课程核心专家团双重指导，保障教学质量。有云端学校教师如是说：“同研同培等同于我背后有个相当强大的导师团，促使我跳出舒适区去适应新的教学改革的挑战”。

四、结果与反馈

（一）云端校用智能平台集成的方式克服了深圳本地优质学位不足的瓶颈

2021 年 9 月，云端学校首期开学，覆盖福田区、罗湖区、南山区、盐田区、宝安区、龙岗区、龙华区、坪山区、光明区、大鹏新区 10 个区 1400 名初一学生。在云端学校优质资源的强大吸引力下，试点校组织非云端班的学生也参与学习，使得云端课堂的学生数量大大增加。

《深圳市教育发展“十四五”规划》明确提出，加快发展教育新基建，打造以新一代信息技术为底座的智能化校园集群，到 2025 年，全市云端学校入驻校达到 100 所。

深圳云端学校新型教与学模式和新型市、区、校一体化协同、集团化办学实验，为深圳更广范围的市民提供了优质教育资源，缓解因名师少而出现的“择校热”等现象，实现学习方式和人才培养方式变革，切实落实中央“双减”政策。

（二）云校模式获多方肯定

云端学校在大规模线上教学中优势凸显。一是双师授课模式为其他班级和年级提供了范式。打破了班级授课壁垒，让优质资源惠及所有学生；二是同研同培的模式迅速推广运用，既确保了每节课的质量，又促进了教师的共同成长。此外，一流设备也很好地保障了高质量的在线教学。备课仓设备齐全，音质和画面清晰，为教师提供了优质线上教学设备和安静的教学环境，成为全年级教师线上教学的首选。

云端双师教学模式学生满意度高。学生在评价云端线上教学时，提出了许多高频词。例如，“方便”“快捷”出现了103次，“师资”“教学资源”“优质资源”出现了77次，“互动”“交流”出现了49次。云端双师教学模式学生满意度调查显示，语数英三科学生满意度均超过92%。

访谈中，学生对云端学校给予积极评价：

“云端班非常有趣、生动。它和常态班对比，优点就是课程有趣、教师幽默、上课内容丰富。”

“可以与其他学校的同学们谈话、互动，在英语课上不懂的语句，老师会为我们翻译。感觉很好。老师做的视频非常有趣，有很多知识点。”

行业专家对云端学校探索未来学校新样态寄予厚望：

“云端学校的产生是深圳教育的必然选择：云端学校建设是主动迎接新一轮科技革命和产业变革，努力实现深圳基础教育先行示范和打造‘幼有善育、学有优教’民生幸福标杆的重要工程，是主动迎接未来教育新时代的创新之举，是从0到1的重大探索。”

“深圳市云端学校符合教育发展的大趋势和大方向，探索实现了三个重构：教学方式重构、教学内容重构和教学流程重构。”

“实体学校办互联网教育，深圳市云端学校是全国第一家也是唯一的一家。”

“云端学校的办学模式是对过去三百年来课堂模式的一种颠覆。”

（三）云端学校教学策略建议

云端内部层级划分需进一步优化，针对不同层次的学生有的放矢，呈现高效课堂，实现全员参与、学有所获。主讲和辅助教师节奏同步，互不干扰。

主讲课堂和辅助课堂学生参与度有待“平分秋色”。在云端课堂中，主场学生的参与度相对高，但非主场学生的参与度不好把握。关注如何提高入驻校学生的参与度是接下来云端课堂要思考和改进的地方；各区学生的学情不同，关注如何公平分配主场和辅场互动的机会也很重要。只有学生充分投入课堂，全员参与的教学才是最好的教学，才更好地体现教育的公平性。

针对数据采集，云端学校还在初生阶段。目前云端课堂的技术与设备不适合对互动要求高的课堂，更适合以知识讲授和成果展示为主的课堂。

云端学校真正实现了跨时空、跨地域、沉浸式的一体化教学，成为打破地域限制、缩小校际差别、促进优质教育资源均衡发展的有效路径。云端学校的成功离不开教研团队和辅讲团队的精心打磨与共同配合。为了实现基于更大范围的教学，云端学校与各入驻校一同探索嵌入式同研同培教研模式，针对性构建多师教学模式；为保障同研同培活动高效进行，云端学校采用“双周制”“双辅制”“双导制”等方式教研，由“单打独斗、各有长短”的教学团队逐渐成长为“团队协作、人尽其才”的教学团队。高频次、嵌入式、生成式的教研教学活动，不仅保障了云端教学效果，还帮助更多教师进入专业成长“高速路”。在教研过程中，教师能够及时发现自身问题，学习其他教师的先进经验，不断强化课堂教学、信息技术应用等专业能力，在直观项目式学习成长机会中全方位提升自己。云端多师课当堂采集学生的练习数据，帮主讲、辅助教师调节教学进度与授课难度。云端学校还通过前置探究活动，增强学生学习的自主性和课堂学习的系统性。学校打破边界探索“跨校组班、多师协同、在校及居家混合”的个性化学习模式，同时着力探索研究引领、技术支撑、数据挖掘、全过程全要素的人才培养评价模式，提升学生的创新精神和实践能力。现在，深圳稳步推进云端学校模式推广延伸，“云端效应”正由点及面。[①]

---

① 刘盾，黎鉴远．深圳建云端学校探索多师协同、跨校组班模式：云上云下共同体催生学习新样态［N］．中国教育报，2023-04-10（1）．

第三节　湖南长沙智慧体育赋能学生全面发展实验

一、目的与假设

随着当前信息技术与教学改革工作的有机融合，教学信息化已经成为当前教学工作发展的一种必然趋势。在体育信息化发展过程中，智慧体育是必然选择。因为我国体育人才的缺乏，体育教学资源分配不均使得不同地区之间的体育教学质量参差不齐，无法真正地提升全民体质。智慧体育则通过先进信息技术的应用，将相应的体育信息资源进行有效共享，使得信息资源的利用率得到稳步提升。体育系统有效交互，更好地引导学生开展相关体育锻炼。

智慧体育教学中所运用的技术，包括数字化技术、网络化技术和智能化技术。数字化技术的应用使得智慧体育的体育资源内涵丰富，让体育资源研究科学化、整体化，使很多体育锻炼活动的开展更加规范。网络化技术的应用使体育教学工作开展过程中的资源利用更加动态，可以通过更新并丰富教学内容来调动学生的学习积极性。而智能化技术的应用使体育系统更加高级，可以有效地指导学生开展科学锻炼，真正地使全民健身理念得到普及。智慧体育是我国当前体育信息化发展过程的深化表现，对于我国当前体育教学工作改革以及体育活动的推广有很大的推动作用。

了解智慧体育课堂构建的相关要素，才能真正使智慧体育融入当前的中小学体制提升工作，使智慧体育课堂取得比较理想的教学成果，保证体育教学质量的提升。首先，智慧课堂对于信息技术的依赖性强，其中的智能移动终端对于智慧体育课堂的构建来说非常关键，它可以更好地监督管理日常的体育教学，并加强对于数据的收集处理等，以保证智慧体育课堂中教学规划的科学性。其次，智慧体育课堂构建过程中的教学环境也至关重要，不单单需要具备智能教室，还需要逐步构建并完善相应的智慧学习平台，通过在智慧学习平台上进行有效的信息交流，来更好地优化体育课堂教学质量。最后，智慧学习资源也至关重要，丰富多样的教学资源能使智慧体育教学更具有吸引力和科学性。因此在智慧体育课堂构建过程中，要不断收集网络以及现场教学中的相关教学资源，使教学能够满足不同学生的个性化需求，真正使体育锻炼成为全民运动，更好地提升全民的生命质量，推动社会的稳定进步与发展。①

在互联网和人工智能快速发展的信息化时代，智能运动设备越来越热门，功能也逐步趋向完善和综合化。可以预见，未来更多的体育项目会和智能硬件进行更加紧密的结合。推广智慧体育，最主要的目的是让孩子们养成终身锻炼的习惯，感受到运动的快乐。智能运动设备所特有的功能，比如语音提示、音乐伴奏等，都增加了运动过程中的愉悦感，激发学生的运动兴趣，提高学生运动的积极性、主动性，让学生成为运动的主人，帮助学生养成良好的运动习惯。此外，智能运动设备所推荐的各种与运动相关的知识，比如损伤自救知识、运动营养知识等，能够拓宽学生的知识面，提高学生的生存能力，促进学生全面发展。

长沙智慧体育赋能学生全面发展实验是一项旨在结合智慧科技与体育教育，促进学生在体育活动中全面发展的创新实践。该实验旨在从学生、教师和教学模式等多个角度出发，实现教育的目标和愿景，赋能学生全面发展。

---

① 马莹．“智慧体育”介入湖南中小学生体质提升的价值与模式研究［J］．文体用品与科技，2022（10）：54–56.

（1）学生角度

提高身体素质　智慧体育通过科技手段为学生提供个性化的训练和指导，帮助学生全面提升身体素质。学生将获得实时反馈，更全面地了解自身身体状况，并得到定制化的训练计划和科学合理的锻炼指导，从而提高身体素质。

培养全面能力　智慧体育鼓励学生参与团队活动，培养协作与团队精神。通过集体训练和团队比赛，学生将学会倾听他人意见，与团队成员有效合作，并在集体努力中发挥团队精神。

激发创新思维　智慧体育提供刺激性的学习环境，鼓励学生运用创新思维方式解决问题。通过智能设备和虚拟现实技术的应用，学生将体验到与传统体育教育不同的学习方式，提升认知能力和创新能力。

（2）教师角度

个性化指导　智慧体育为教师提供了更多个性化指导的机会。通过科技手段，教师可以根据学生的个体差异和需求，为每位学生提供针对性的训练计划和指导，更好地满足学生的学习需求。

提升教学效果　智慧体育通过智能设备和数据分析，为教师提供实时反馈和数据支持，帮助他们更好地了解学生的学习情况和进展。教师可以根据学生的表现及时调整和优化教学策略，提升教学效果。

拓展教学辅助工具　智慧体育提供了多种创新的教学辅助工具和资源，帮助教师开展更加生动有趣的教学。通过智能设备和虚拟现实技术，教师可以创造更具吸引力和互动性的教学内容，激发学生的学习兴趣。

（3）教学模式角度

个性化教学　智慧体育倡导个性化教学模式，根据学生的差异和需求，为每位学生提供量身定制的教学方案。通过智能设备和数据分析，教师可以实时了解学生的学习情况，从而更好地进行个性化指导和辅导。

融合科技与体育　智慧体育实验将智能科技与体育教育相融合，为学生提供更加丰富多样的学习方式和体验。通过智能设备、虚拟现实技术和数据分析，学生可以在虚拟环境中进行体育训练和比赛。

培养综合素质　智慧体育实验通过多角度的发展目标，培养学生的身体素质、团队合作能力、领导能力和创新思维。这种综合素质的培养有助于学生全面发展，提高他们在学术、社交和职业领域的竞争力。

通过对智慧体育的假设分析，我们期望智慧体育能够有效地推动学生的全面发展，为他们的未来健康与成功奠定坚实的基础。

二、环境与组织

（一）智慧体育成突破口，“智慧跳绳”亮相长沙

由长沙仰天湖桂花坪小学、长沙市实验小学、大同古汉城小学、岳麓区望月湖第一小学、开福区清水塘小学、高新区虹桥小学、长沙麓山国际实验小学、湘潭市岳塘区湖湘学校、望城区第一中学外国语学校等学校组成的智慧短绳项目组，致力于整合体育教学资源，打造“智慧＋活力”的智慧跳绳模式，以“智慧短绳”塑造学生的个性发展。

长沙仰天湖桂花坪小学是一所智慧体育示范校。该校通过搭建智慧体育云平台，打通电话手表、智能跳绳、运动手环等多种终端设备，伴随式采集学生的运动体质和健康数据，并通过手机、电脑、大屏等多种方式向师生、家长实时展示。

（二）运用人工智能智慧操场系统开展“智慧体育”研训活动

2022 年 9 月 29 日，为充分发挥名师及名师工作室的示范、引领和辐射作用，开福区第一中学、开福区陈北中小学体育名师工作室、长沙市信息技术与体育学科融合团队联合展开中小学“智慧体育”研训活动。本次活动聚焦课堂，重点围绕智慧操场系统实际应用全面展开。活动以推进素质教育实施、结合信息技术与体育核心素养为根本，以提升骨干教师智慧体育应用能力为目标，通过研训实践、同伴互助、专业引领、专家助力，促进教师的专业发展，提升智慧体育应用能力，促进体育教师队伍专业素养提高。

三、方法与工具

（一）主要方法

（1）课前预知

体育教学活动开展过程中的课前预习对于很多教学活动的准备来说有很大的推动作用，可以使学生更高效率地完成相应运动技巧的学习。但是课前预知并不仅仅包含学生对于学习内容的预习了解，还包含教师在教学准备环节对学生相应学习情况的了解，以更好地实现教学设计和安排的科学化、合理化，使教学工作开展过程中教学互动质量得到有效保障。传统的体育教学工作预习过程大多是通过课本传授以及教师提前预告等方式来开展，相对乏味，很难吸引学生在课前主动积极参与，预习质量相对较低，无法真正地服务于课堂教学中的高品质互动。而智慧体育的课前预知方式是多样化的，通常会通过学生喜闻乐见的动画片演示等方式展开，帮助学生了解课前知识内容。而且其视频比较简短，学生可以利用碎片化时间来进行预习。此外，在智慧体育中，为了更好地帮助教师了解学生学情，学生在课前可以根据自身的预习来进行有效的反馈，这样教师可以更加合理地安排相应的教学活动。最后，在教学准备工作开展过程中，教师也可以充分地利用网络资源来丰富教学内容和优化教学设计，使后续的课堂教学质量得到有效保障。

（2）课中感知

在传统的体育教学工作开展过程中，体育锻炼活动的动作标准要领学习更多时候以教师为中心，通过教师的示范来讲授，但是这样的知识传授方式比较单一，最终的教学效率和质量无法得到有效保证。而智慧体育会更加注重对于学生主观能动性的调动，鼓励学生积极参与学习活动，提升了教学互动的质量。学生在课堂教学过程中的感知更加深入，对动作要领有深刻的理解和体会。此外，智慧体育课堂对学生体育锻炼活动的监测也是实时进行的，可以使教师即时了解学生的体育锻炼状况，从而控制训练强度和难度。

（3）课后探知

中小学体育课堂教学的时间相对有限，体育活动通常在课后完成，在传统的体育教学活动中，课后对于学生的监督管理相对较少，很多时候学生的体育锻炼活动并不安全，多数学生对于运动技巧把握不足，不科学的锻炼使得学生的身心健康受到一定程度的影响，并且影响锻炼效果。在智慧体育的应用过程中，运动 APP 或运动交互平台能够对学生课后的体育活动安排进行有效规划，并进行实时指导。学生通过体育锻炼活动，能够对课内所学知识进行探究实践，从而得到科学反馈，身体素质稳步提升。

（二）具体措施

“智慧跳绳”可以打通手机、电话手表等物联网设备，通过大数据实时分析学生的运动状况，便于家长、教师掌握学生日常体育运动及体质健康情况，为体育课程实施提供安全预警和数据指导。

麓山国际实验小学的智慧运动共享小屋，能通过“刷脸”开门，自助借取、归还体育运动器材；清水塘小学将每周三设置为“小小绳王挑战日”，形成了浓厚的校园跳绳运动文化和氛围；长沙市实验小学对花样跳绳进行了校本课程的建设。

为打造智慧校园，增强学生身体素质，开福区第一中学于 2021 年 12 月正式投入使用“智慧操场”系统。除了能够破解传统体育教学难量化、难记录、难监督、难分析的痛点，“智慧操场”系统还能将教学过程“数字化、可视化、精准化、结构化”，从而精准识别学生个体差异，为他们开出个性化“运动处方”，帮助他们不断提升运动水平。

人工智能智慧操场系统将机器视觉与体育教育深度融合，通过物联网摄像头和人工智能运动视觉算法，实施操场智能化改造，实现学生体育科学化训练、个性化教学、规模化测试以及标准化体育中考，帮助学校以信息化、智能化、数据化模式高效开展体育教学工作。

四、结果与反馈

（一）实践结果

“我校学生跳绳生均从 1 分钟 120 个增长到了 173 个，学生体质健康优良率从 42% 提升到 74%！”仰天湖桂花坪小学作为首批智慧体育创建学校、首个“智慧跳绳”试点学校，分享了学校开展“智慧跳绳”项目 3 年来的成果。自从开展智慧体育试点以来，该校学生每日人均运动步数约 7650 步，每日运动时长约 72.8 分钟。对比试点初期，每日参与率提升了 32.34%，每日运动时长平均增加 12.8 分钟。

作为长沙首批智慧体育试点学校，桂花坪小学结合物联网、智能穿戴设备（运动电话手表、智能跳绳、运动手环等）、大数据等信息技术，创新评价方式，构建“可量化、可记录、可监督、可分析、可评定”的智能化管理与监测体系，帮助孩子们掌握健康知识和运动技能，走进阳光下、走向体育场，转变生活方式，锻炼健康体魄。

（二）反馈与分析

（1）激发学生的学习兴趣，提升教学效率

中小学阶段课程教学工作的开展过程中，学生学习兴趣的激发是非常关键的。智慧体育中运用了很多先进的科学技术，使学生对于体育教学产生了浓厚的兴趣。智慧体育中先进信息技术与体育教学工作的融合使体育教学内容更加丰富，教学方法更加多元，在一定程度上调动了学生的主观能动性，使其以更加积极热情的态度参与到教学中来。在体育课程中，学生更好地掌握了体育锻炼知识和技巧，真正地将体育锻炼融入日常生活中，实现了自身体质和心理健康的提升。

（2）促进学生体育课程教学的信息化和有效性

在传统的体育教学工作开展过程中，体育课程内容的传授集中在课堂教学中，学生的学习压力和教师的教学压力相对较大；而体育教学本身更加注重学生对于碎片化时间的利用，因此实现课内外一体化教学对于保证教学质量来说至关重要。在信息技术与体育发展融合背景下的智慧体育教学，可以有效地连接课堂的前中后各个环节，使学生将课堂所学内容在课后进行科学的锻炼应用，并真正地提升体育锻炼能力。智慧体育的

介入优化了教学策略和方法，提升了课堂的教学效率，有效实现了课堂内外一体化，营造了良好的体育学习氛围，推动了体育锻炼能力和意识的提升。

（3）加强了对于中小学体育教学的监控和针对性指导

传统的体育教学过程中，教学活动的有效性更多体现在教师对于学生活动表现的成绩反馈，因此体育教学工作的优化过程比较繁杂，且具有一定的滞后性，无法真正提升体育教学质量。而智慧体育有效地利用了各类型可穿戴智能设备，能够实现对学生运动过程中各类型指标的有效反馈。一方面，智慧体育可以有效地减少学生运动过程中意外事故的发生，更好地帮助其实现科学锻炼；另一方面，智慧体育也可以使教师及时了解到学生在锻炼过程中的运动情况和运动成果，更加合理地安排后续教学活动的强度和频次。此外，在传统的体育教学工作开展过程中，由于教学手段的落后，教师无法针对学生的具体情况而给予科学指导，有效地保证其科学锻炼，而智慧体育的应用可以加强教师对于整个教学活动过程的监控，教师根据每个学生的具体运动情况来帮助其制定合理有效的锻炼方案，使教学规划更有针对性，教学整体质量得到提升。

（4）创新体育教学的结构和模式

体育在当前中小学体质锻炼活动中的应用价值还体现在体育教学结构和模型的创新上。传统的体育教学活动虽然也分为课前、课中和课后，但是很多教学活动的开展都是以教师为中心的，教师根据课程安排要求来合理地规划课程进度，引导学生学习各类体育活动，从而推动体育教学工作的开展。在以教师为中心的体育教学活动中，无法充分调动学生的学习积极性，教学质量很难得到保障，学生体质锻炼效果相对较差。在智慧体育中，课前、课中和课后的教学安排均是以学生为中心来开展的，充分尊重学生在体育教学活动中的主体地位，调动了学生的积极性，且有效地实现了课内外体育教学的一体化，营造了良好的体育教学氛围，保证了教学效率和质量。

（三）长沙智慧体育社会实验总结

智慧体育进入长沙中小学体质提升教学活动，对于推进长沙整体的体育教学水平发挥了重大作用，但是要真正使智慧体育在长沙地区得到广泛应用，也要注重对于智慧体育应用价值的宣传推广，科学地选择应用模式。我们有理由相信，随着科学技术的不断进步与发展，以及其与体育教学活动的科学融合，智慧体育一定能够更好地提升体育教学质量，使全民锻炼成为可能。

第四节　广东广州中小学全学科智慧阅读普及探索实验

一、目的与假设

本项目以“立德树人”为指导思想，以提升中小学生的阅读素养为总体目标，借助“互联网+”、大数据和移动互联技术，建设贯穿市、区、校、班的学生智慧阅读平台，形成广州市基础教育“人－书－网”融合的体系，以此解决阅读行为和阅读数据非伴随性的重大专业难题。

（一）校园阅读是促进全民阅读和学生成长的重要阵地

阅读是获取知识、增长智慧的重要方式，是传承文明、提高国民素质的重要途径。深入推进全民阅读，对加强社会主义精神文明建设、促进社会进步具有重要意义。少年儿童阅读是全民阅读的重要组成部分，校园阅读是全民阅读的重要阵地。通过推进校园阅读，能够促进学生“爱读书、读好书、会读书”，有效地提高其阅读素养。阅读是一切学科的重要基础，以阅读为依托，基于全学科阅读推动课堂教学变革，对探索新型课堂教学模式、建设以学习者为中心的教育生态具有重要意义。

党的十八大以来，党中央、国务院高度重视全民阅读。2012 年，“开展全民阅读活动”写入党的十八大报告。自 2014 以来，倡导全民阅读连续 9 次写入政府工作报告。2016 年，《中华人民共和国国民经济和社会发展第十三个五年规划纲要》要求“推动全民阅读”。同年，我国印发的首个国家级“全民阅读”规划《全民阅读“十三五”时期发展规划》指出，坚持少儿优先，保障重点。少儿阅读是全民阅读的基础。必须将保障和促进少年儿童阅读作为全民阅读工作的重点，从小培育阅读兴趣、阅读习惯、阅读能力。大力促进少年儿童阅读，推动全社会共同创造、维护少年儿童良好阅读环境。加强中小学书香校园文化建设，完善中小学图书馆等校园阅读设施，开展多种形式的校园阅读活动。2020 年，中央宣传部印发《关于促进全民阅读工作的意见》，全面部署深入推进全民阅读，该意见提出了全民阅读工作的重点任务，包括加大阅读内容引领、组织开展重点阅读活动、加强优质阅读内容供给、完善全民阅读基础设施和服务体系、积极推动青少年阅读和家庭亲子阅读、保障特殊群体基本阅读权益、提高数字化阅读质量和水平、组织引导社会各方力量共同参与和加强全民阅读宣传推广等。2021 年，“深入推进全民阅读，建设‘书香中国’”写入“十四五规划”。

从政策层面认识阅读工作的意义和价值，用创新的方式推进阅读工作的开展，着眼教育培养建设者和接班人这一根本目的，把握阅读工作方向，统筹推进广州市中小学校园阅读各项工作，对助力广州建设成为文化引领之城、教育智慧之城，提升广州市在全国基础教育领域影响，具有深远意义。

（二）依托智慧阅读平台解决阅读行为和阅读数据非伴随性的专业难题

2018—2019 年，广州市组织中小学校园开展阅读状况的大规模调研[①]。调研组在广州市随机选取了 23 所学校作为调查对象，共 19168 名学生、734 名教师、17128 名家长和 23 名图书馆管理员参与了问卷调查。调

① 高瑞翔，胡景悦，杨洁，等．中小学生校园阅读推进的主要问题与对策研究：以广州市越秀区小学为例［J］．心理学探新，2019，39（2）：140-145.

研重点关注两个方面内容：一是了解广州市学生“是否爱读书，是否读好书，是否会读书”，包括学生对阅读的重视程度、投入时间、所阅读课外图书的意义性与均衡性、阅读的方式方法等；二是了解广州市学生阅读的支持环境，包括学校与家庭为学生提供的阅读条件、对学生阅读的要求与指导等。

调研结果显示，学生的阅读过程处于黑箱状态，难知、难管、难导。具体表现为：一是“爱读书”不够。课外阅读偏少，每周平均阅读时间 3 小时以上——达到教育部提出的小学生每天平均课外阅读半小时的标准的学生只有 52%。二是“读好书”堪忧。学生阅读书籍良莠混杂，44% 的学生以“内容是否有趣”作为挑选阅读书籍的标准，阅读对象更多集中在童话故事类上。三是“会读书”欠缺。学生阅读方法不当，65% 的学生在阅读时基本不进行思考、不做任何标记和笔记，“读而不思，读后即忘”，不能从阅读中受益。四是学校与家庭对学生校园阅读缺乏有效的督促和指导。学校教师很难掌握学生在课外的阅读情况，无法给予正确的引导，难以进行督促管理；家长也无法了解学校对孩子课外阅读的具体要求，无法把握孩子课外阅读的情况。五是图书馆与家庭阅读环境不理想，投入不足。图书馆阅读环境设施较好的学校只占 38%，优质图书或比较好的图书分别只占 26% 和 35%，而无益的或不适合学生阅读的图书占了 13%。存书量达到 100 册以上的家庭仅占 33%。

由此可见，校园阅读工作的实际开展离“书香校园”的建设要求仍存在较大距离。基于脑科学和新技术探索广州市中小学生智慧型成长阅读模式，对破解中小学生阅读过程难知、难管、难导的痛点具有必要性和可行性。智慧型成长阅读模式利用新一代信息技术手段，尤其是大数据和移动互联等创建智慧阅读平台，再依托平台建立学生阅读档案，通过大数据分析，精准监测学生的阅读过程和阅读行为，实施个性化指导和因材施教，进而培养学生阅读兴趣，养成阅读习惯，掌握阅读方法，提升阅读能力，最终提高学生的阅读素养和综合素养，其核心是建立基于人工智能和脑科学的阅读体系与“人－书－网”深度融合的模式，并以此解决阅读行为与阅读数据非伴随性的重大专业难题，实现中小学生阅读的可知、可导、可管。

为此，以教师、教研、教学为抓手，以课程、课题、课堂为载体，广州市产、学、研、教四方共建贯穿市、区、校、班等多级的中小学智慧阅读平台。依托智慧阅读平台，采取先行先试、分步推进普及的策略，在全市范围开展智慧阅读项目。依托全科阅读，探索新型教与学模式，对推动课堂改革，落实立德树人根本任务、国家“双减”教育政策、教育数字化战略行动，大力营造爱读书、读好书、善读书的良好氛围，培养终身阅读者，推动形成广州市中小学良好的阅读生态，打造书香校园，建设书香社会，具有重要意义。

智慧型成长阅读是依托信息技术手段建立学生阅读档案，通过大数据分析，实施个性化指导和因材施教，进而使学生培养阅读兴趣、养成阅读习惯、掌握阅读方法、提升阅读能力，最终提高核心素养的教育活动。通过以读育德、以读启智、以读陶美、以读健体，读书与劳动相结合，最终促进广州市中小学生德智体美劳全面发展。

此模式不仅将促进校园阅读，而且将通过校园阅读促进全民阅读，继而为全国的校园阅读和全民阅读探索出有效途径，为国家发展做出重大贡献。广州市在探讨阅读对人的发展影响的重大科学问题上必将立足于国际前沿，建立中国第一个中小学生阅读大数据库，为国家与地方的教育决策服务。项目对接中国脑科学计划，建立国际领先的儿童青少年阅读与脑机能发展大数据库，为解决阅读与青少年发展，尤其是脑发展的重大科学问题提供支持。

（三）走进全民阅读新时代

为落实立德树人根本任务和国家“双减”教育政策，2021年9月，广州市教育局印发《广州市中小学智慧阅读普及工作方案》，提出面向全市义务教育阶段中小学生普及推广智慧阅读活动，到2023年，实现智慧阅读覆盖全市1000所以上中小学，打造100所智慧阅读样板校，并向中等职业学校和外籍人员子女学校推广。

二、环境与组织

广州长期以来注重打造书香羊城。2022年4月23日，在第27个“世界读书日”，《广东省全民阅读指数（2021）》报告正式发布。该报告共设阅读条件与保障、图书馆阅读行为、个体阅读活力、阅读环境评价等分榜单，多维度呈现广东省全民阅读现状、习惯和趋势。报告显示，2021年广东省全民阅读指数持续提升，多市全民阅读活动形成品牌。广州市的全民阅读指数分值上升至92.54，在多个指标上占据榜首。

智慧阅读是广州推动基础教育教学改革和智慧教育建设的重要抓手。智慧阅读是引导学生应用智慧阅读平台，结合兴趣爱好，开展以纸质书为主的阅读活动：学生基于“学科阅读课”，线上分享阅读心得，开展阅读素养测评，培养阅读习惯。通过阅读大数据监测，根据学生身心特点和能力倾向，推送个性化阅读资源，让学生阅读变得“可知、可导、可管”。2017年10月，广州市出台了《关于进一步提升中小学生阅读素养的指导意见》，提出通过系统推进一系列项目，构建科学的阅读测评框架体系，对中小学生的阅读能力进行诊断、分析及指导，进一步整体提升中小学生阅读素养和综合素质。2018年1月，广州市教育局部署统一行动，在全市中小学开展智慧成长阅读项目，正式确立全市 110 所中小学校作为项目首批试点学校。“坚持立德树人，开展中小学生智慧阅读活动”被写入 2019 年广州市政府工作报告。广州采取先行先试、分步推进的策略，自 2018 年至 2021 年分三期推广智慧阅读，逐渐覆盖全市 50 多万名中小学生。

2021 年 9 月，广州市教育局印发《广州市中小学智慧阅读普及工作方案》，提出了明确的工作目标：推动基于智慧阅读的课堂教学改革，建设智慧阅读网络学习空间，将阅读素养纳入学生学业评价，组织丰富多彩的智慧阅读活动，建立全市学生阅读成长档案和阅读素养报告制度，开展学生智慧阅读大数据应用展示，发布年度阅读素养白皮书，提升学生综合素质，培养未来社会需要的创新型人才。

2019 年 5 月，广州市入选全国首批“智慧教育示范区”。智慧阅读工程是广州市“智慧教育示范区”建设的重点工程。围绕智慧阅读工程，《广州市创建全国“智慧教育示范区”实施方案》明确提出，建设市智慧阅读平台，依托学生阅读大数据分析学生线上线下阅读情况，依据学生所在学段、心理特征、阅读能力，推送个性化阅读资源，帮助学生培养阅读兴趣、养成阅读习惯、提升阅读能力。开展全市性智慧阅读活动，以全科阅读、师生共读和家长亲子阅读等为主要活动形式，为学生阅读提供优质课程资源。推进市、区、校图书资源共享，打造阅读推广品牌活动，推动全市中小学按教育部标准配备学校图书。建设智慧阅读博士后创新实践基地，开展脑科学研究，支撑基于全科阅读的课程及课堂教学改革。到 2022 年，基于全科阅读的课堂教学改革覆盖全市 1000 所以上中小学，并面向粤港澳大湾区，开展智慧阅读应用推广。①

① “智慧教育示范区”创建项目专家组秘书处．“智慧教育示范区”建设进展报告［M］．北京：科学出版社，2022.

三、方法与工具

该项目创新引领性强，提出中小学“全学科智慧阅读”原创性教育新理念，开发了全国首个区域性的中小学生阅读管理系统，率先研发“中小学生阅读优秀图书索引”“中小学全学科培育文化自信核心阅读书目”“中小学文化自信主题系列读本”，探索构建了中小学全学科阅读教学新模式，基本形成了阅读教育各方协同的教研新机制。

为了推进广州市校园阅读项目，广州市教育研究院与华南师范大学专家开展合作研究，设计并构建了“学生智慧 – 成长阅读平台”，依托信息技术手段，建立学生阅读档案，使广州市中小学生阅读“可知、可导、可管”。该平台可以通过大数据分析，实施个性化指导和因材施教，培养学生阅读兴趣，助力学生养成良好阅读习惯，掌握阅读方法，提升阅读能力，促进学生德智体美劳全面发展。

四、结果与反馈

仅 2020 年，广州智慧阅读平台就发布了市级全学科阅读课程 61 个，共计收到学生作品约 111 万份，吸引约 60% 的学生参与。各学科教师在平台上发布阅读课程（包含学科主题阅读、整本书阅读、学科单元主题阅读等）共计 1059 个，其中，语文学科阅读课程约占 52%，英语学科阅读课程约占 21%，数学、科学、物理等理科阅读课程约占 10%，其他学科及跨学科阅读课程约占 17%。

据《广州市小学生阅读状况白皮书》分析，与非试点学校相比，试点学校学生阅读兴趣显著提高，非常喜欢阅读的人数以及达到教育部标准（每天阅读 30 分钟以上）的人数均提高了 10% 以上。试点学校学生日均阅读时长为 30—40 分钟的比例达 60.4%。

截至 2022 年 6 月 15 日，智慧阅读平台发布 1588 个主题阅读活动，学生在平台提交笔记 3343.9 万份，参与学生平均每天阅读 35 分钟。智慧阅读项目建设的广州市中小学智慧型成长阅读平台集阅读管理、书目介绍、个性推荐、素养形成四大功能为一体，通过信息技术生成学生阅读大数据。项目累计汇集 5000 节应用典型课例，拥有 3 亿次在线播放量、1 亿人次学生在线阅读记录，500 项教师参与的研究课题，产生 1400 篇论文和教学案例、10 余本专著、100 篇国家级媒体新闻报道。

广州市各区教育局及教研机构、各参与试点学校的领导和师生，在市教育局的指导下，在市教研院的带领下，推动学校开展基于阅读的课堂教学改革，着力提升学生阅读素养和综合素养，取得了丰硕的成绩，智慧阅读已经成为近年来广州市基础教育教学改革中师生参与度最高、影响力最大、成果最丰硕的项目。

第五节　浙江温州人工智能课程

一、目的与假设

2017 年 7 月，国务院发布《新一代人工智能发展规划》，目的在于抢抓人工智能发展战略机遇，促进人工智能教育体系的形成。文件明确指出，完善人工智能教育体系，在基础教育阶段添加人工智能相关课程，并进行编程教育，同时对参与编程教学、游戏设计推广的各方力量进行鼓励，形成人工智能人才高地。2018 年 10 月，人工智能赋能教育变革国际论坛在北京举行。2019 年 2 月，教育部印发《教育信息化和网络安全工作要点》，指出在基础教育阶段应该重视编程，添加人工智能课程。

为全面贯彻落实《中国教育现代化 2035》《新一代人工智能发展规划》《关于深化教育教学改革全面提高义务教育质量的意见》《关于新时代推进普通高中育人方式改革的指导意见》等精神和《温州市创建国家“智慧教育示范区”实施方案》有关部署，推进温州市中小学新一代人工智能教育体系建设和创新人才培养，结合温州“未来教育”和创客教育发展实际，温州市制定了《温州市中小学推进人工智能教育实施方案》，该方案提出，温州市将持续推进创客教育迭代升级发展，启动实施温州市中小学校人工智能教育“五个一”工程，即打造“一校一 AI 课程、一校一 AI 团队、一校一创新项目、一校一智能空间、一校一品牌活动”的人工智能教育生态体系，推动人工智能与基础教育深度融合。到 2023 年，培育 700 所人工智能教育实验学校、60 所人工智能教育示范校，构建形成区域特色鲜明的“基础普及类、社团拓展类、综合提升类”校园人工智能教育三阶课程体系，学校人工智能教育师资队伍完备；到2025年，培育1000所人工智能实验学校，100所人工智能教育示范校。全市中小学实现人工智能课程全普及、人工智能实验室全覆盖。

本实验旨在探索温州市推进人工智能教育对学生、教师、学校以及社会的作用，实现以下目标：

面向学生　通过人工智能教育，学生将获得基本的科技素养，了解人工智能的原理、技术和应用，并学会使用相关工具和资源，适应数字化时代的发展需求。推进人工智能教育将鼓励学生进行跨学科学习，提高他们在不同领域的综合素质和能力，培养跨学科思维和学科交叉应用能力。

面向教师　人工智能教育提供了多种创新的教学辅助工具和资源。教师可以借助智能设备、虚拟现实技术等创造更具吸引力和互动性的教学内容，提升学生的学习兴趣和参与度。同时，教师也可以利用人工智能工具进行教学评估和反馈，及时调整和优化教学策略。

面向学校　人工智能教育的推进将促进传统教育模式的创新和变革。学校可以通过引入人工智能教育，开设新的课程和教学活动，创造更灵活、多样化的学习环境。这将激发学生的学习兴趣和积极性，提高教育的质量和效果。

面向社会　推进人工智能教育将提高温州市的教育水平和城市竞争力。人工智能已经广泛应用于各个行业和领域，拥有具备人工智能技术的人才将成为城市发展的核心优势。

二、环境与组织

学生创客发明“虫脸识别”，学校将人工智能课程搬进农场

“虫脸识别”小程序是瓯海实验小学人工智能暑期实践活动的成果之一，使用者只需把摄像头对准昆虫进行拍照识别，便可以得知这只小虫子是否属于常见的数十种害虫之一。

除“虫脸识别”外，学生们在老师的引导下，先后设计出了“果蔬分拣”“无人机物流”等一系列作品来应对农场维护中出现的各种问题。学校也基于“巴学园”农场建立了“AI 巴学园”人工智能特色项目，围绕从种植采摘到分拣入库的农场运营全流程搭建了一整套人工智能课程体系。学校通过“巴学园”农场这一载体，在农场的劳动实践中引导学生发现问题、解决问题，从而帮助学生快速认识人工智能，激发学生的学习兴趣。

人工智能课程不仅在瓯海实验小学得到高度重视。近年来，温州市瓯海区提出要以人工智能课程建设为核心，编织 AI 场景视图，构建区域人工智能教育“4A”图，计划到 2025 年实现人工智能教育试点学校全覆盖，建设 10 所人工智能示范校。

“前沿理论＋实战经验”双向提升教师 AI 素养

为了深入贯彻国务院《新一代人工智能发展规划》，落实《温州市中小学推进人工智能教育实施方案》建设任务，加快推进温州市中小学人工智能教师队伍建设，由温州市教育技术中心主办的市中小学人工智能骨干教师研修班开班，来自温州市 13 个区县近 60 名骨干教师到现场参加研修

班课程学习，全市超300名信息技术教师在线同步参与培训。

本次培训邀请多位业界专家分别针对人工智能的前沿理论和运用进行分享，旨在提升温州骨干教师的人工智能素养，培养一批理论水平高、实践教学能力强的人工智能教育教学专家。

三、方法与工具

（一）打造全市人工智能教育云平台

统一构建人工智能教育教学平台 依托一线AI企业在人工智能领域的核心技术能力和业界领先的人工智能平台与课程，集人工智能教育备课授课、教学资源中心、编程创作中心、AI训练中心、智能师训等功能于一体，全市普及推广人工智能教育。

特色开发区域人工智能教育管理平台 汇聚人工智能教学平台上的数据，可视化呈现全市AI教学及资源数据，实现全市人工智能教学资源和开展情况统合常态化监管。线上展示学生优秀作品，实现优质资源、优秀师资、教育数据的有效共享，人工智能教育相关活动线上线下相结合，打造全方位的人工智能教育生态社区。

（二）推进人工智能教育课程的实施

构建人工智能课程体系 区域层面组织相关专家，制定人工智能教育课程纲要，明确课程定位，根据不同学段特征，确定不同层次课程目标，建立科学的知识结构体系。构建温州区域基础普及类、社团拓展类、综合提升类三阶课程体系。按照“感知AI—理解AI—应用AI—创造AI”循序渐进，学前教育和小学低年级段侧重感知和体验人工智能技术，小学高段和初中阶段侧重理解和应用人工智能技术，高中阶段侧重项目创作和前沿应用。

推进人工智能课程普及　将人工智能教育课程纳入各县（市、区）教育发展规划与学校教学计划，列入中小学课程内容，在信息技术、通用技术、综合实践等已有课程和教学创新活动中适当增加人工智能教学内容。促进人工智能课程顺利开展，确保课程开设制度化、教学实施规范化、活动开展常态化。

开发项目化学习资源　结合地方特色、学校文化、特色培育与多样发展，以深化课程改革和育人模式创新为重要突破口，坚持推进多样化、有特色的人工智能项目化体系建设。依托学校拓展类课程，整合、优化教学资源，开发校本人工智能项目化学习资源。组织举办创新项目评比，培育一批人工智能创新项目。依据浙江省编信息技术教材人工智能模块内容，开发各级段普及类课程辅助资源包和创新教具，促进人工智能教育在基础教育阶段的普及化、常态化开展。

（三）加强人工智能教育师资建设

培育三层次人工智能教师队伍　将人工智能教育师资建设纳入全面深化新时代教师队伍建设改革重要内容，制订人工智能教育师资培养培训计划，增设人工智能（创客）专兼职教育教研员岗位，师训部门开展人工智能师资专项培养。分层次培养人工智能教育师资队伍，设立名师工作室、骨干教师研修班、AI 教学能力提升班，逐步培育一批有引领示范作用的名优教师，多途径、多形式、高水平促进教师专业化成长。针对普及性人工智能师资进行人工智能知识技能体系化培训，并进行培训评价和考核认证。

培育指导师教研团队　市县教研部门把人工智能教育纳入教研范围，建立人工智能教育教研组，以项目化、跨学科整合等方式组成教研团队，积极组织开展人工智能教学研究活动。各校积极开展课题研究，结合各自优势和资源特点，借助人工智能专业领域的专家力量和技术支持，努力探索新课程环境下的人工智能教育教学方式，构建项目式学习和以问题为导向的教学新模式，不断提高人工智能教育教学质量。

建立健全指导师激励机制 贯彻《教育部办公厅关于开展人工智能助推教师队伍建设行动试点工作的通知》文件精神，深入推进人工智能等新技术与教师队伍建设的融合，引领教师主动适应信息化、人工智能等新技术变革，积极开展人工智能教育，积极有效开展教育教学。引领教师深化教育教学和课程教材创新，将“动手操作、实践体验”理念融入学科教学，促进创客教育、人工智能教育与学科教育教学深度融合。

（四）推进人工智能基础建设和示范引领工程

创新人工智能空间建设标准体系 以促进育人模式变革、培养未来创新人才为逻辑起点，以学生为中心，以互动性、启发性、探究性为导向，打造“基于创造”的学习空间，服务人工智能课程建设与实施，促进技术与教育深度融合，实现师生深层次的合作学习和分享。

多路径实施人工智能空间建设 有条件的学校新建“人工智能实验室”，场地不足的学校升级迭代学校创客空间、创新实验室，整合形成人工智能实验室、人工智能学习空间、人工智能体验馆等。依托智慧校园建设推进，构建包含课程资源、实验硬件、网络平台、学习空间等的人工智能教育生态体系，为开展人工智能教育提供有力保障。

培育认定人工智能示范校 100 所 按照“统筹规划、试点先行、特色发展”的原则，组织创新意识强、软硬件条件相对好的学校，开展人工智能实验校创建，开设系统的人工智能课程，组织学生社团活动，促进人工智能在学校管理及教学中的应用，形成鲜明的人工智能教学及应用特色。以人工智能示范校为中心，成立若干个人工智能教育联盟校，积累可推广的先进经验和优秀案例，探索新时代下人工智能教育推进策略和创新人才培养的典型途径。

促进人工智能与教育融合发展　突出人工智能教育对于推进温州创建国家智慧教育示范区的内涵发展要义，促进人工智能与中小学教育教学和管理领域的深度融合，推进教育全方位变革。基于人工智能、学习过程数据及分析技术，推进教学智能化和学习个性化。利用人工智能建立线上线下相结合、灵活多样、科学有效的校本教研模式，即时提出、诊断并解决教学问题，助推教师专业成长。加强教育管理的数据融通和整合应用，实现基于大数据和分析技术的教育治理。全方位构建对学校、教师、学生的评价指标体系和评估模型，实施大数据支持的智慧测评。

（五）促进学生人工智能素养提升

建立素养评估体系　建立健全学校、教师、学生的素养评价方式，建立评估指标模型，完善评价量表和指标体系，实施人工智能素养评估，实现“以评促教、以评促学、以评促用”。

搭建师生创新教育平台　各校积极为学生创设良好的人工智能学习环境，打造贯穿校内校外、线上线下、创业创新的育人生态闭环。积极开展形式多样的人工智能拓展活动，组织不同层级的交流、竞赛活动，举办优秀教学成果展等，创设多元化的探索主题和实践环境，进一步激发学生参与人工智能领域学习、研究的积极性，全面培养学生探究、沟通、创新和协作能力。鼓励学生对人工智能进行深入探索和学习发展，支持参与各项有品牌影响力的人工智能教育类竞赛，发现和培养人工智能优秀创新人才。

（六）打造人工智能教育品牌

成立人工智能教育研究中心　由温州市教育局发起，从高等院校、科研院所、高新企业、各中小学等机构遴选优秀人员组建温州市人工智能教育专家智库和工作团队，指导全市各中小学开展人工智能课程研发、师资培训、实验室建设、课题研究、融合应用等工作，为一线教师提供理论和实践支持。

树标杆、育亮点 按照“统筹规划、试点先行、特色发展、典型引路”的思路，培育亮点，树立标杆，以点带面推进人工智能教育普及发展，做亮温州人工智能教育品牌。成立人工智能教育联盟，搭建人工智能教育交流共享平台。建设跨区域高水平交流平台，开展多层次国际、国内交流合作。积极参与“长三角”创客教育展示活动、人工智能夏令营等活动，筹办人工智能教育研讨会、人工智能联赛，高质量办好青少年创客文化节、科创春“玩”等活动，打造创新型文化品牌。

四、结果与反馈

通过制定《温州市中小学推进人工智能教育实施方案》，温州市在创客教育“五个一”工程的基础上迭代升级，启动实施人工智能“新五个一”工程，致力于构筑具有温州特色的人工智能教育生态体系。同时，以国家“智慧教育示范区”创建为契机，构建区域统一人工智能教育教学平台，培育 428 所人工智能教育实验校，挂牌 9 所人工智能教育标杆校，开展面向全市的“十百千”三层次人工智能师资培训，建设专用或兼用人工智能教育实验室，举办“青少年人工智能追梦营”“创客文化节”等大型系列活动，积极推动全市人工智能教育蓬勃发展。

人工智能教育的目标是提升学生对于人工智能的意识与素养。未来，温州将继续优化升级市人工智能教育教学平台，拓展人工智能师训与“学校 + 教师 + 学生”三级人工智能素养评价模块，创新人工智能教师资格认证模式。研发本土化人工智能普适性课程，建设包括课程内容、课件、案例、作业等在内的配套资源，支撑“基础普及类、社团拓展类、综合提升类”三阶课程体系建设。同时，以创新创业实践为导向，鼓励支持“人工智能+教育”试点区和试点校加强科教融合和产教融合，孵化多样化、特色化、主题式的人工智能项目，力争将温州打造成基础设施完备、教学资源丰富、师资力量雄厚、学生信息素养过硬的人工智能教育沃土。

第六节　广西柳州融水大苗山乡村学校信息化同步互动课堂实验

一、目的与假设

（一）发展“互联网+教育”，办好乡村小规模学校具有重要战略意义

乡村小规模学校，主要指不足100人的村小学和教学点，是我国农村义务教育的重要组成部分。加强乡村小规模学校建设，是我国实施乡村振兴战略、推进城乡基本公共服务均等化的重要任务和有力举措。受自然、地理、历史、社会等多因素影响，乡村小规模学校存在不少具有共性的现实问题，包括地处偏僻乡村，教育经费短缺，基础设施较差，教师队伍结构不合理、专业能力有待提高，学校整体教学质量不高，等等。

近年来，国家采取一系列重大政策措施，不断加强乡村义务教育，乡村小规模学校的办学条件得到明显改善。2016年7月，国务院印发《关于统筹推进县域内城乡义务教育一体化改革发展的若干意见》，明确提出“办好必要的乡村小规模学校”。2018年4月，国务院办公厅印发《关于全面加强乡村小规模学校和乡镇寄宿制学校建设的指导意见》，对乡村小规模学校的发展提出了全面的指导性意见。2021年1月，中共中央、国务院发布《关于全面推进乡村振兴加快农业农村现代化的意见》，再次强调“保留并办好必要的乡村小规模学校”。

其中，《关于全面加强乡村小规模学校和乡镇寄宿制学校建设的指导意见》就统筹乡村学校发展、推进“互联网＋教育”，提升办学水平提出了针对性指导意见，具体如下：

发挥中心学校统筹作用。强化乡镇中心学校统筹、辐射和指导作用，推进乡镇中心学校和同乡镇的小规模学校一体化办学、协同式发展、综合性考评，实行中心学校校长负责制；将中心学校和小规模学校教师作为同一学校的教师“一并定岗、统筹使用、轮流任教”。完善乡村学校评价方式，充分激发每所学校和广大乡村教师教书育人的积极性、创造性。统一中心学校和小规模学校课程设置、教学安排、教研活动和教师管理，推进教师集体教研备课，统筹排课，音乐、体育、美术和外语等学科教师可实行走教，并建立相应的政策支持机制。

推进“互联网＋教育”发展。各地要积极创造条件，加强硬件建设，充分利用卫星、光纤、移动互联网等，加快实现两类学校宽带网络全覆盖。结合国家课程和地方课程要求，以外语、艺术、科学课程为重点，涵盖所有学科，引进或开发慕课、微课等课程，提供丰富优质在线教育资源，保障两类学校开齐开足开好课程，弥补师资力量不足等短板。发挥好优质学校、骨干教师的辐射带动作用，采取同步课堂、公开课、在线答疑辅导等方式，促进两类学校师生与优质学校师生共同在线上课、教研和交流。发挥政府在推进“互联网＋教育”发展中的主导作用，积极运用市场机制，采用政府购买服务等方式，加强软硬件建设。

（二）同步互动课堂是带动乡村小规模学校均衡发展的有效实践路径

基础教育领域的同步互动课堂（又称“专递课堂”），是指通过利用卫星或互联网技术将某一所学校的教师教学同步直播到异地的其他教学班级，以实现不同地域学校（教学点）之间优质教育资源共享的一种教学形式。在同步互动课堂应用场景中，主讲教师所在的课堂通常称为主课堂，为发送端课堂；其他异地的副课堂为接收端课堂。主课堂的主讲教师按常规上课，但授课对象除了主课堂里原有的学生外，还有通过屏幕观看和互动的异地接收端课堂里的学生。异地的副课堂配备有辅助教师，协助主讲教师完成异地的副课堂中的教学与管理工作。[①] 同步互动课堂充分借助信息技术优势，将不同区域、不同学校、不同班级的教师和学生跨时空连接在一起，打破了地域的限制，为弥合区域、城乡、学校之间的差距，实现优质教育资源再分配，促进教育均衡发展提供了新的解决路径。

深入推进“三个课堂”建设和应用，是我国推动实现教育优质均衡发展的重要抓手。同步互动课堂是“三个课堂”的重要构成，积极推动其建设，是我国“十三五”期间教育信息化的重要任务。2016 年 6 月，教育部印发的《教育信息化“十三五”规划》明确提出，积极推动“专递课堂”建设，巩固“深化教学点数字教育资源全覆盖”项目成果，进一步提高教学点开课率，提高教学点、薄弱校教学质量；推广“一校带多点、一校带多校”的教学和教研组织模式，逐步使依托信息技术的优质学校带薄弱学校、优秀教师带普通教师模式制度化。

2020 年 3 月，教育部《关于加强“三个课堂”应用的指导意见》进一步明确了“专递课堂”的应用模式，针对农村薄弱学校和教学点缺少师资、开不出开不足开不好国家规定课程的问题，采用网上专门开课或同步上课、利用互联网按照教学进度推送适切的优质教育资源等形式，帮助其开齐开足开好国家规定课程，促进教育公平和均衡发展。该意见还从加强统筹规划和落地实施、健全运行机制和考核激励、强化教师研训和教研支撑、优化硬件设施和软件资源、开展质量监测和效果评估等维度加以指导。

---

① 邵光华，魏侨，冷莹 . 同步课堂：实践意义、现存问题及解决对策［J］. 课程 · 教材 · 教法，2020，40（10）：70–76.

二、环境与组织

县域信息化同步互动课堂项目

为促进城乡教育优质均衡发展，柳州市自2018年开始，以市政府“为民办实事”项目，用三年时间建成覆盖全市城乡义务教育阶段学校的“信息化同步互动课堂”工程。

柳州市教育局成立了柳州市县域在线同步课堂项目实施领导小组，进行统筹规划和实施监督。县域信息化同步互动课堂项目为全市5县和柳江区的义务教育阶段学校搭建了“信息化同步互动课堂”平台，利用互联网技术实现大规模常态化课堂教学应用，使优质教育资源覆盖教育资源薄弱的乡镇学校和教学点，创造了通过“互联网+教育”推进教育城乡一体化的成功模式。

融水县同步互动课堂项目

融水苗族自治县隶属于广西壮族自治区柳州市，位于广西北部，云贵高原苗岭山地向东延伸部分，是一个典型的“九山半水半分田”山区县。融水县是国家扶贫开发工作重点县和滇黔桂石漠化片区县，也曾是广西20个深度贫困县之一，2020年11月正式退出贫困县序列。融水县居住着苗、瑶、侗、壮、汉等13个世居民族，全县50多万人。2018年秋季学期，全县共有中心小学23所，村完小7所，教学点190个，其中学生不足10人的教学点49个，小学在校生37027人，其中乡镇农村小学生22056人。①

① 教育部民族教育发展中心.全国民族教育信息化应用与实践优秀案例[M].北京：中央民族大学出版社，2019.

为落实柳州市“县域信息化同步互动课堂”项目，2018 年融水县教育局成立了项目实施领导小组，并将推进该项目作为融水县教育信息化方面的重点工作。2018 年至 2020 年，融水县积极筹措资金，用于添置信息化设备，截至 2020 年秋季学期，融水县实现信息化教育全覆盖，初级中学、中心小学、村完小所有班级均配备教学一体机，教学点配备教学电视机，所有学校互联网接入速度达到 100Mbps 以上。

融水县 2018 年实施的第一期项目，涉及 4 个乡镇共 34 所乡镇中心小学、村完小和教学点；2019 年实施的第二期项目，涉及 6 个乡镇共 77 所乡镇初级中学、中心小学、村完小和教学点；2020 年第三期信息化同步课堂项目实现全覆盖，涉及 10 个乡镇共 99 所乡镇初级中学、中心小学、村完小和教学点。图 4–2 为融水苗族自治县融水镇中心小学结构。

融水镇中心小学第一批试点同步课堂

融水镇中心小学位于融水苗族自治县城北郊，下辖 5 个村完小（融水镇第五小学、融水镇第六小学、融水镇古鼎村小学、融水镇小荣村小学、融水镇东良村小学）、4 个教学点（融水镇罗龙教学点、融水镇东华教学点、融水镇三合村教学点、融水镇兴贤教学点）。最远的教学点距离中心校 2.5 千米，教学点偏远且人数少，很难配足所有学科教师，尤其是小学英语、美术、音乐等专任教师。教学点师资薄弱、教学质量偏低，制约着融水镇乡村学校的教育发展。

融水县融水镇中心小学成为柳州市政府“为民办实事”工程——“县域信息化同步互动课堂”项目的第一批试点校，于 2018 年 9 月 3 日顺利开课，正式拉开了融水镇小学信息化同步互动课堂的序幕。

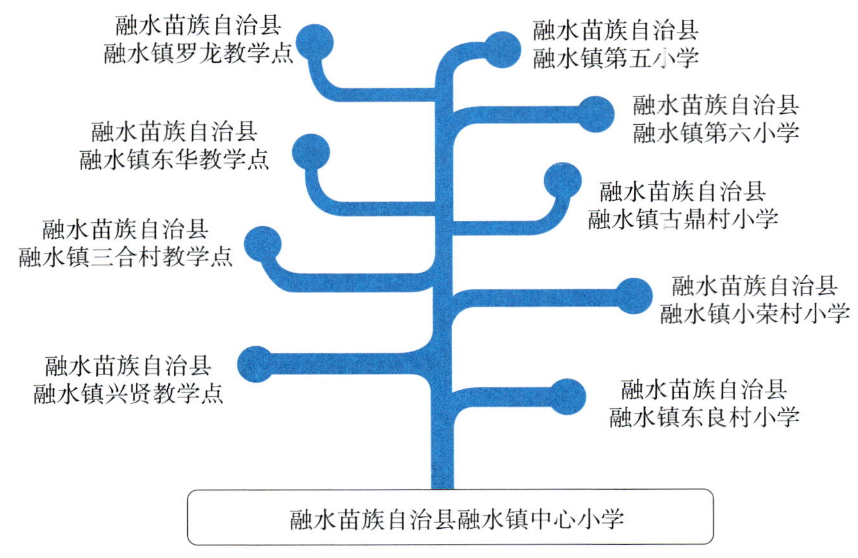

图 4-2　融水苗族自治县融水镇中心小学结构

三、方法与工具

融水镇中心小学认真贯彻省、市、县信息化同步互动课堂项目相关工作部署，并积极探索适合本校开展此项目的途径和方法。信息化同步互动课堂项目在融水镇中心小学的落地，主要采取了以下措施。

（1）搭建平台，实现三通，硬件建设实用化

加强信息化同步互动课堂网络建设，完成信息化同步互动课堂校校通；加快资源的开发与整合，实现同步资源班班通。在此基础上，组织教师研究、搜集、同步课堂资源上传，全镇共享。融水镇共建设了 8 个主讲教室、11 个专业互动教室、66 个直播互动教室设备。2018 年 9 月，项目实施仅一个多月，全镇 100 多名教师对信息化同步互动课堂教学设计、设备的应用、管理熟练掌握，信息化同步互动课堂进入全面应用

阶段。

（2）三级培训，骨干引领，教师培训立体化

一是牵住主线。实施信息化同步互动课堂，教师是关键。学校为了让教师们尽快了解、熟悉、掌握信息化同步互动课堂的内涵及教学模式，派校长、备课组长、骨干教师分批次赴柳州、四川成都、广东惠东等地学习；成立信息化同步互动课堂领导小组，形成三个层次的骨干教师梯队，采取点、线、面齐头并进的模式开展各类培训；以更新观念、实际操作为重点，让教师们对“同步课堂”的教学设计、设备的应用、管理等方面有所掌握。

二是抓住典型。融水镇中心校率先开展全员培训，发挥示范引领作用。以教学副校长、教科处主任为首的名师及骨干教师利用设备指导中心校及各村校教学点教研组开展集体备课，组织教师开展相关课题研究、交流及课程设计等活动，打造互动高效的信息化互动课堂，使教育信息化课堂步入实用阶段。

三是着重应用。学校每月开展不同形式的培训、研讨课、教学案例分析、评课交流等教学活动，组织各类评比、竞赛活动。

（3）同步课堂，全面推进，教学常态化

一是促进同步互动课堂常态化。学校将“信息化同步互动课堂”教学与教研活动相结合，成立了以年级组为单位的“同步互动课堂”教学应用研究小组，组织了“同步互动课堂”教学研讨课、教学案例分析、评课交流等活动。同步课堂课程设置主要有两种形式：一是术科常态课（英语和艺术），主要解决结构性缺编问题；二是教研课（语文和数学），为了实现全镇优质师资共享，各年级学科组每周至少开设一节同步课。组织教师开展网络教研活动，以提高村校教学点教师的教学水平，逐步缩小校际差距。同时，全镇统一课表，具体的上课内容提前一周发放，使中心校与村校的信息化同步互动课有序进行。

二是引领教师发展专业化。结合信息化同步互动课堂实施情况，融水镇中心小学申报的市级课题获立项批复；县教研室课题也获立市级 A 类重点课题。骨干教师在课题的引领下迅速成长，并推动镇教育教学水平的提升。

四、结果与反馈

有效解决乡村学校紧缺科目师资问题，助力乡村学校开足开齐课程

英语、音乐、美术课程的开设，为村校学生提供了更多的学习机会，在他们幼小的心里种下了艺术的种子。信息化同步互动课堂有效解决了紧缺科目师资的紧缺问题，像温暖的阳光无私地普照着乡村的每一个孩子。

有效提升教师专业水平，促进青年教师成长

信息化同步互动课堂与教科研活动相结合，促使每一位教师快速掌握设备的操作使用。在一系列同步互动课堂教研活动中，一批年轻教师迅速成长，骨干教师如虎添翼。多名教师在省市区教育教学竞赛活动中取得了丰硕的成果，让全市乃至全国的教师看到了信息化同步互动课堂的独特魅力。

激发学生积极性，提高学生的参与度

信息化同步互动课堂跨越了地域的限制，让村校孩子和中心校学生共同享受优质资源。一堂堂别开生面的同步课在主讲教室开始了，而 7 千米之外的村校或教学点的小学生们，通过教室里的屏幕，也能和主讲课堂

的同学们一起打拍子、哼唱、互动。两个班级距离虽远，但视频画面很流畅，课堂气氛积极活跃。专业教师的课吸引着网络两端的每一位学生，让镇村孩子共享优课盛宴。

大山挡不住信息，网络连接着未来，优质教育不再遥远，距离不再是障碍。

第五章

数字教育产品治理机制实验

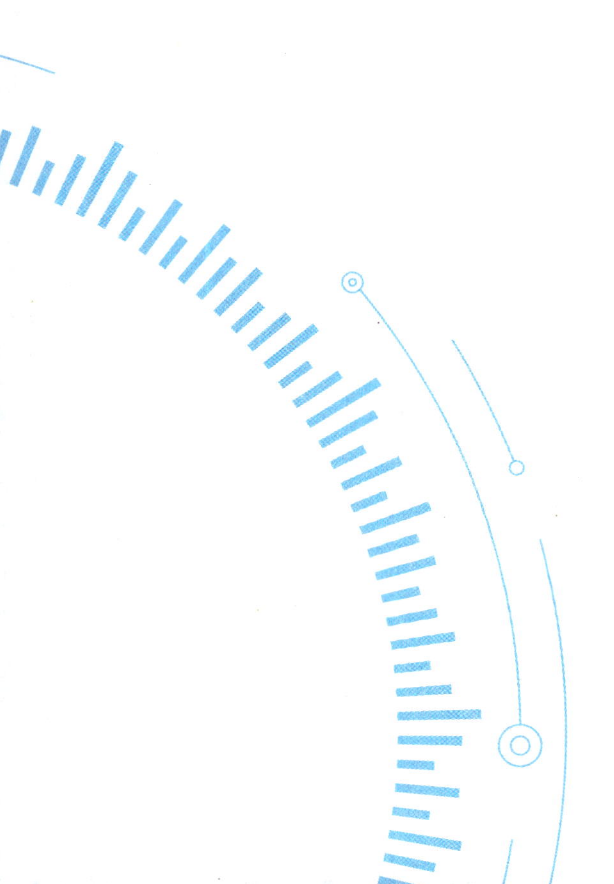

第一节 数字教育产品治理机制实验目标与路径

一、数字教育产品发展动态

在我国深入推进实施教育数字化转型战略的背景下，数字教育市场规模不断攀高，产品形态加速升级。2022 年在线教育、知识付费、在线阅读、智慧教育、教育硬件等数字教育类产品用户规模达 3.14 亿人、市场规模达 3620 亿元，增幅分别达到了 5.36% 和 12.42%。国内仅教育类 APP 的数量就超过了 15 万款。

然而，以人工智能为核心的数字教育，既是教育强国发展的重大机遇，也是一项挑战。为此，国家相关部门出台系列监管政策，规范人工智能内容使用边界、平台开发、行业应用等。如《生成式人工智能服务管理暂行办法》《全球人工智能治理倡议》等。国际上，联合国教科文组织在 2023 年初发布的《数字平台治理准则：保障表达自由和信息获取的多方合作方法》基础上，9 月推出《教育与研究领域生成式人工智能指南》（*Guidance for generative AI in education and research*），呼吁各国政府通过制定法规、培训教师等，规范生成式人工智能在教育中的应用。

在监管政策落地推进中，一些治理困境逐渐显露：现有的备案制度难以全景展现数字教育产品的使用过程，惰化思维、超纲教学、商业算法逐利等问题还处于以社群举报为主的阶段；其他业务关联部委的监管口径对垂直行业应用指导有限；数字教育产品本身的形态推陈出新，如教育 APP、小程序、云平台、资源库、大模型等，给监管带来了新挑战，亟须对教育规律下的线上线下认知发展进行系统性研究，以克服“一管就死、一放就乱”的两极现象。

二、数字教育产品治理机制建设举措

智慧教育作为信息技术与教育的深度融合，引领着教育发展的新趋势。随着信息技术的迅猛发展，数字教育产品作为智慧教育的重要组成部分，正日益渗透到教育领域的各个环节。然而，数字教育产品的广泛应用也带来了一系列新的挑战和问题。为了促进智慧教育的健康发展，我们需要探索数字教育产品治理机制，以确保教育信息化的科学和良性发展。

（一）数据隐私保护

智慧教育中涉及大量的教育数据，如学生信息、学习数据、个人习惯等。为了保护学生和家长的权益，智慧教育治理机制的设置应关注数据隐私保护。具体措施包括：

加强数据安全管理 完善数据的存储和传输安全机制，采用先进的加密技术保障数据的安全性。

建立健全的数据管理制度 确定数据的获取和使用权限，设立专门的部门负责数据监管，建立健全数据使用审批程序。

加强对第三方合作方的监管 对于参与智慧教育的第三方机构和个人，建立合作方审核和管理制度，确保数据使用的合规性和安全性。

（二）技术监管与规范

智慧教育的发展必然伴随着新兴技术的应用，如人工智能、大数据、云计算等。为了确保技术在教育领域的良性应用，智慧教育治理机制的设置需要加强技术监管与规范。具体措施可以包括：

建立技术评估与监测机制 对于教育科技产品与服务，建立评估和监测体系，对技术的可行性和安全性进行评估，并及时监测其在教育实践中的应用效果和安全风险。

制定技术使用规范和标准 明确教育科技产品的技术标准和使用规范，规范技术的开发、使用和管理，防止技术滥用和数据乱象。

加强技术培训和支持 加大对教师和学校技术能力培养的投入，提供技术培训和技术支持，确保教育科技的有效使用。

（三）人才培养与推动

智慧教育的发展需要有专业的人才作为支撑。智慧教育治理机制的设置应注重人才培养与推动。具体措施包括：

提升教师信息化素养 加强教师信息技术应用能力培养，推动教师信息化教学方法和手段的创新与应用。

建立多元化的人才培养机制 鼓励高校和教育机构加强教育信息化人才培养，通过开设相关专业和课程，培养智慧教育领域的专业人才。

加强学校与企业合作 鼓励学校与企业合作，搭建实习岗位和实践平台，为学生提供实践机会，培养智慧教育领域的实践能力和创新能力。

第二节　科技小学堂促进青少年科技创新实验

一、目的与假设

（一）数字时代科学素养教育应该普及

2015 年 11 月，联合国教科文组织在巴黎总部通过并发布了《教育 2030：仁川宣言和行动纲领》，重申教育是“一项基本人权，也是保障其他权利实现的基础”。为了实现这一权利，国家必须确保普及全纳、公平优质的教育和学习，不让一个人掉队。教育需要全社会的共同努力，民间团体、教师和教育者、私营部门、社区、家庭、青年和儿童在实现优质教育权利方面都有重要的作用。国家在设置和管理标准及规范方面的作用至关重要。

2020 年，中国科学技术协会开展了第十一次中国公民科学素质抽样调查，调查范围覆盖我国 31 个省（区、市）和新疆生产建设兵团。数据显示，从区域看，东部地区公民科学素质水平持续领跑，长三角、珠三角城市群公民科学素质水平处于领先地位。东部、中部和西部地区的公民科学素质水平分别为 13.27%、10.13% 和 8.44%，但科学素质区域发展不平衡、乡村地区青少年科学素质水平偏低问题依然存在。

2021 年 6 月，国务院印发的《全民科学素质行动规划纲要（2021—2035 年）》指出，科学素质是国民素质的重要组成部分，是社会文明进步的基础。提升科学素质，对于公民树立科学的世界观和方法论，对于增强国家自主创新能力和文化软实力、建设社会主义现代化强国，具有十分重要的意义。该纲要明确，要加强农村中小学科学教育基础设施建设和配备，加大科学教育活动和资源向农村倾斜力度。

2021 年 11 月，中央网络安全和信息化委员会印发《提升全民数字素养与技能行动纲要》，提出提升学校数字教育水平。将数字素养培育相关教育内容纳入中小学教育教学活动，设立信息科技相关必修课程，打造优质精品教材，开展数字素养相关课外活动。

新一代信息技术改变了人们的工作和生活方式，也深刻影响着教育生态。当下比以往任何时候都更加需要加强科学素养教育，更加需要培养具有科技创新能力的人才。

科技发展，人才是关键。在这样的背景下，协同发挥政府、企业、大学多方优势，汇聚优秀的师资力量、课程资源，加速投入中西部地区的学校，为中西部地区丰富教育资源、培养科技创新人才贡献力量，具有深远意义。

（二）培养学生科学兴趣、计算思维和工程动手能力是科技创新教育的关键

《全民科学素质行动规划纲要（2021—2035 年）》明确提出，激发青少年好奇心和想象力，增强科学兴趣、创新意识和创新能力，培育一大批具备科学家潜质的青少年群体，为加快建设科技强国夯实人才基础。在基础教育阶段，要引导教师变革教学方式，倡导启发式、探究式、开放式教学，保护学生好奇心，激发学生求知欲和想象力。推进信息技术与科学教育深度融合，推行场景式、体验式、沉浸式学习。

科学研究证明，5—13 岁不仅是孩子智力发展的黄金期，而且是孩子思维建立、习惯养成的重要时期。科学教育不仅要教给孩子们科学知识、实验技能，更重要的是培养他们的科学思维、批判精神，激发他们对科学的兴趣，满足儿童与生俱来的好奇心，在他们心中种下科学探索的种子。

《义务教育信息科技课程标准（2022 年版）》认为，计算思维是指个体运用计算机科学领域的思想方法，在问题解决过程中涉及的抽象、分

解、建模、算法设计等思维活动。具备计算思维的学生，能对问题进行抽象、分解、建模，并通过设计算法形成解决方案；能尝试模拟、仿真、验证解决问题的过程，反思、优化解决问题的方案，并将其迁移运用于解决其他问题。义务教育阶段的学生，应初步具备解决问题的能力，发展计算思维，掌握信息处理的基本过程与方法，体验过程与控制的场景，验证解决问题的过程，初步具备应用信息科技解决问题的能力。

二、环境与组织

“科技小学堂”项目

“科技小学堂”项目响应国家《全民科学素质行动规划纲要（2021—2035 年）》《提升全民数字素养与技能行动纲要》等相关政策的号召，通过打造项目化学习的优质课程资源，培养学生的计算思维和工程动手能力。项目面向中西部乡村学校的教师和学生，助力乡村信息技术教师适应信息科技的最新发展，提升乡村孩子数字素养、科技与创新意识和能力。

“科技小学堂”项目于 2021 年启动。截至 2022 年 6 月，华为技术有限公司联合高校面向江西赣州、宁夏银川两地 6 所乡镇小学开设科技小学堂课程。2022 年秋季学期，该项目在两地 20 所学校落地，覆盖近 2000 名学生。“科技小学堂”未来还会走进更多的中西部乡村学校。

三、方法与工具

“科技小学堂”项目的实施推广，为中西部地区乡村学校带来了优秀的科技教育师资力量和课程资源，并在一定程度上进一步激活了政府、企业、高校、学校的协同创新合作机制。该项目主要采取了以下措施。

（1）提供系列化的科技课程

“科技小学堂”项目面向未来的基础教育，强调深化创新思维，解决真实问题，项目课程结合 STEAM（科学、技术、工程、艺术、数学；Science，Technology，Engineering，Arts，Mathematics）教育理念、基础教育课程大纲及前沿的信息技术创新实践与知识，提供给五年级一个学期 14 课时的教学资料包，包括教师教案、教学课件、学生用书、动手方案、教师培训等。

课程目标强调5C核心能力培养，即创新（creativity）、合作（collaboration）、沟通（communication）、批判性思维（critical）、文化理解与传承（cultural competency）。课程方法强调面向未来的思维素养培养，包括计算思维（computational thinking）、工程思维（engineering thinking）、科学思维（scientific thinking）、设计思维（design thinking）。图 5–1 为计算思维流程。

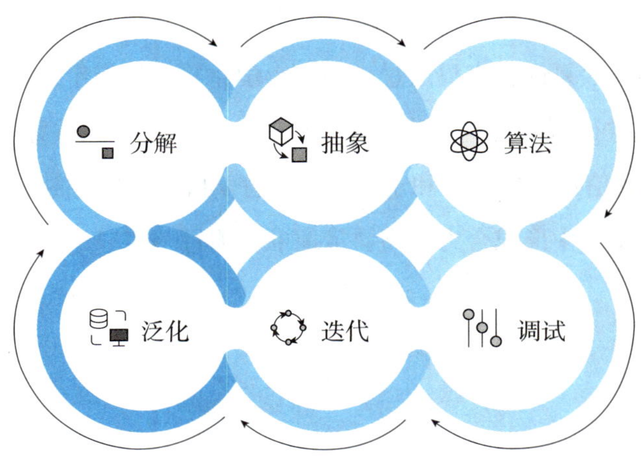

图 5–1 计算思维流程

（2）采用项目化学习提升思维和动手能力

“科技小学堂”采取项目化学习方式，强调在真实问题中运用科学思维和方法进行持续探究，让学生们在动手实践的过程中掌握创新科技知识，运用知识，锻炼计算思维能力，培养团队合作意识，体会“做”的成功，养成通过“动手做”来解决问题的习惯。

在这样的课堂上，学生们会进行分工，每个人需要对大大小小的实验工具进行拆分、变换、组合。有的小组将电路板、电磁锁、面包板、电源线等组装成4位数字密码的门锁；有的小组用瓦楞纸板、热熔胶等制作柜体，了解、学习快递柜背后的科技秘密。

（3）协同创新形成合力

“科技小学堂”项目在区域的组织实施，探索了充分调动大学、企业、政府、乡村学校协同创新的可行性。以宁夏的实践为例，华为技术有限公司与宁夏大学签署“横向课题”合作协议，通过宁夏大学专家团队向5所项目学校捐赠“科技小学堂”项目教学用具和教学材料，开展教学支持服务、教师培训以及项目研究。宁夏大学教育学院发挥高校教育学科优势，将教育研究做在基础教育的“大地”上，在促进教育优质公平发展中发挥重要作用。西夏区教育局通过“科技小学堂”项目与宁夏大学、华为技术有限公司进行深入合作，建立协同机制，推动西夏区教育优质均衡发展。5所学校的信息科技教师和宁夏大学教育学院的研究生接受了培训，他们在项目的实施中形成合力，高质量地推动项目落实。

四、结果与反馈

激发学生对科学的兴趣

“科技小学堂”项目面向五年级学生，包含“开启科技宝盒”“指挥分拣机器人”“智能快递蜂巢”“构建智慧农业”“构建未来云世界”等多个项目。以计算思维为基础，不同项目通过任务形式激发学生的好奇与思考，帮助学生在“玩”的过程中了解、掌握编程基础知识，构建关于人工智能、大数据的基本概念。

“孩子们动起手来眼睛在放光。”银坑中心小学老师俞宏宏这样评价课程对孩子们的吸引力。

“我从来没有上过这种类型的课，很有趣、很有新意。”银坑中心小学有孩子这样由衷地感叹。

“很新奇，很有趣。”“今天我们成功开启了科技宝盒！”“我可以自己动手做很多东西。”聊起科技小学堂，孩子们纷纷表达自己的收获。

“我的智慧农业园里的番茄种子，第 3 个星期就有 3 颗种子发了芽。”五年级的一名同学自豪地分享了他的成功经历。

“长大后，我要做一名科学家，到太空种甜瓜。”“我要发明声控轮椅送给邻居奶奶。”“我要发明带着人飞翔的衣服。”

促进学生的数字素养与技能提升

“科技小学堂”项目试点结果显示，西夏区第十八小学五年级的学生通过“开启科技宝盒”和“指挥分拣机器人”两个项目的学习与实践，在创造力、计算思维、协作能力、批判性思维和问题解决等能力上有明显提升，“科技小学堂”对乡村小学生的数字素养与技能提升有明显的促进作用。

“开启科技宝盒”课上，在了解了钥匙搭建跟计算思维之间的相同点后，学生利用规则对钥匙零件进行编码，最终开启宝盒。“指挥分拣机器人”课上，学生进行角色扮演，按指令指挥机器人行走，完成货物投递。制作快递柜是学生最感兴趣的一个项目，从流程图的绘制、图表的设计、柜体的设计剪裁、线路的连接，到最后快递柜正常工作，学生展现出了强大的动手能力和团队合作意识。“构建智慧农业”项目中，从一粒种子，到十几厘米高的玉米苗，学生每天都记录着玉米苗的生长情况，观察着光照、营养、温度等因素对植物的影响，并展望未来的智慧农业会在自己的家乡生根发芽。“构建未来云世界”项目中，尽管用40分钟完成一份A3版面的宣传海报是很难的，但是孩子们在组长的安排下，各司其责，高质量完成了海报的制作，并以小组为单位汇报了项目式学习的收获，最后将作品上传至云端。

技术主体、应用主体和研究主体协同创新

在“科技小学堂”项目中，宁夏西夏区政府、华为技术有限公司、宁夏大学以及乡村中小学建立了合理的协同创新机制。其中，华为技术有限公司作为技术主体，提供项目教学用具和教学材料、搭建技术水平领先应用场景并提供技术支持；西夏区若干所乡村小学作为承载实验具体场景的应用主体，有序开展项目式教学，提升学生数字素养和技能。宁夏大学作为研究主体，发挥专业研究优势和区域服务优势，结合具体的应用场景，开展教学支持服务、教师培训、数据分析、理论总结和政策标准制定等项目研究，保障了项目的可行性和可持续性。

第三节 湖南名师网络工作室构建与创新应用探索实验

一、目的与假设

2012年，教育部印发了《教育信息化十年发展规划（2011—2020年）》，明确提出："逐步普及专家引领的网络教研，提高教师网络学习的针对性和有效性，促进教师专业化发展。"名师网络工作室成为信息化环境下教师专业发展的重要模式之一。2013年，湖南省基础教育资源建设与应用名师网络工作室建设工程实施。2021年，湖南省教育厅再次下发《关于组织申报"湖南省名师网络工作室"的通知》，其中明确提出名师网络工作室创建的总体目标，即以构建"互联网+"教师成长共同体为主要目标，以开展常态化网络教研活动和推动新型教学资源开发与应用为主要内容，发挥网络优势，通过名师引领，促进教师在教学实践、教育科研、资源开发、融合创新等方面快速成长，探索"互联网+教研"的新模式和教师专业成长新生态。

名师网络工作室是推动新时代教师队伍建设改革和实施"教育信息化2.0行动"的重要手段，湖南省邵阳市名师网络工作室建设推进会提出，首先，各地学校要充分认识和利用好名师网络工作室名师领衔的示范功能、学术研究的研究功能、人才培养的服务功能、共创共赢的共生功能、专业发展的创新功能，进而促进教师在教学实践、教育科研、资源开发、融合创新等方面的快速成长，帮助教师实现向教育过程的指导者、创造力的激发者、学生的合作者转变；其次，要继续建一批省、市、县、校四级名师网络工作室，实现各学科、各学段的全覆盖，借助人工智能、大数据、物联网、区块链等新一代信息技术，探索“互联网＋教研”的新模式和教师专业成长新生态，实现教师队伍的高质量发展，提高教育教学质量。

实践调研发现，当前名师网络工作室正处于建设和发展阶段，在取得积极成果的同时也面临着工作室定位不明确、工作室构建路径不清晰、工作室建设机制不完善等一系列问题与挑战。因此，基于新的目标和“数字化、网络和智能化”的未来发展要求，本实验从名师网络工作室的构建与创新应用的角度开展研究，具体目标如下：

（1）探索名师网络工作室“互联网＋教研”构建模式。

（2）推动优质数字教学资源创新应用的研究。

（3）以名师网络工作室为专业学习共同体，促进教师专业成长。

二、环境与组织

名师网络工作室是落实《教育部关于加强“三个课堂”应用的指导意见》中“名师课堂”建设任务和《湖南省“互联网＋教育”行动计划（2019—2022年）》中“‘千人名师’网络教研联盟”建设任务的具体举措，以构建“互联网＋”教师成长共同体为主要目标，以开展常态化网络教研活动和推动新型教学资源开发与应用为主要内容，发挥网络优势，通过名师引领，促进教师在教学实践、教育科研、资源开发、融合创新等方面快速成长，探索“互联网＋教研”的新模式和教师专业成长新生态。

小学语文名师网络工作室成立以来，邀请了省、市、区小学语文教研员为辅导员，确保选题、研究过程的方向性；与高校牵手，邀请了北京师范大学、中南大学、南昌大学的教授为导师，为研究实践提供理论支持。工作室现已建立了创新管理机制、资源审核机制等系列工作机制，制定了云教研服务项目方案等，具体的规章制度如下。

（一）工作室规划

建设总目标

在名师主导下，以以师带徒为主要培养形式，共同打造基于线上和线下学科研究、教研教改的实体与网络相结合的新型工作室，培养一批学科名师，并依托网络充分发挥其在全省骨干教师培养、教学改革研究和学科建设方面的示范引领和辐射带动作用。通过名师网络工作室建设，开发一批具有名师鲜明特色的优质数字教育资源；培养约 100 名学科骨干，带动湖南省全省小学语文学科教师专业成长；构建信息技术环境下名师资源共享及师资培养新机制。

工作室研究方向

- “识字、阅读、写作”三位一体的语文教学。
- 基于信息技术环境支持的师生“四读”模型。
- 基于主题的全学科阅读实践活动的设计与实施。
- 基于互联网认知工具的深度阅读模型。
- 开展网络区域协同教研，促进教师协同知识建构。

工作室研究目标

- 以信息技术变革传统教学为导向的创新语文课堂教学。
- 以学生为中心培养语言综合运用能力。

• 以重点学校为核心辐射周边城乡小学教育信息化改革与创新。

具体目标

“网络名师工作室”建设要牢牢把准目标方向，牢固树立“四个意识”，坚定“四个自信”，深入推进习近平新时代中国特色社会主义思想进教材、进课堂、进头脑，确保师生永远跟党走。坚持以树人为核心、以立德为根本，继承弘扬中华优秀传统文化，积极发展素质教育，形成高水平人才培养体系。

以新课程改革为背景，以提高教师专业能力为目标，紧密结合教育教学实际需求，充分发挥名师工作室及工作室成员所在学校的优势，积极组织教师开发或提供精品资源，为实现视频、文字、图片等多媒体数字资源的上传、入库、存储和发布，实现资源的快速查询、统一管理和共享提供平台。工作室网络平台由“名师课堂”“教学资源”“学习空间”“主题研修”“活动掠影”“名师风采”等板块组成，以文本、图片等形式全面展示工作室的动态信息和课改成果。

名师课堂 以视频形式呈现小学各年级名师课堂实录和教学比赛的优秀课例。

教学资源 以文稿的形式呈现名师专业化、个性化的教学资源。内容包括导学案、教学设计、教学反思，和有创意、有特点、可操作的优秀课件，以及针对当前教育教学中的重难点和热点进行分析和解读的文章、介绍国内外优秀教育教学经验的文章。

学习空间 工作室成员建立自己的网络学习空间，对教育教学过程中遇到的问题进行探讨和交流。每位名师建立自己的个性化网页，充分利用教育大平台，共享教育故事、教学反思、教案设计、教学课件、生活感悟等，在分享和交流中不断展现自我、开阔视野，促进自身的成长和专业发展，提升自我生命质量和价值。

①用话题交流。话题字数控制在 140 个字符内，可以上传教育教学方面的文章、图片、视频等。将自己的教学理念、教学行为、教学困惑以及其他与教育相关的问题发表出来，与同行或专家进行深度沟通。

②建立名师群组、教研员群组等。促进成员之间的互动联系，促进教学方式与学习方式变革，实现教与学、教与教、学与学的有效互动。

③网络在线备课。利用网络资源共享、互动的优势，提升教师的备课质量。主备教师将教学设想上传到平台，其他教师围绕主备教师的教学构想展开讨论。主备教师可以随时吸纳和整合大家的意见，对原有的教学设计进行必要的调整，最终形成个性化的教学方案。完成教学之后，组内教师共享“教学反思”，利用平台交流教学得失。

④网络教研。组织不同区域的教师利用教育大平台开展网络协作教研活动，积极发挥名师、学科骨干教师的组织引领作用，实现交流学习、优势互补、共同提高。网络教研的最终目的是引领广大教师在积极学习新课程理念的基础上，广泛开展听课、说课、评课活动，最后形成有价值的网络共享资源，逐步建设一支业务精、能力强的骨干教师队伍。

专题研修　通过网络传播和在线互动，有效开展名师工作室的成果共享，使之成为动态工作站、成果辐射源和资源生成站。名师工作室采用论坛形式定期开展在线交流、研讨，以互动的形式面向青年教师研修者和广大学生，非工作室成员可以自由参加，使不同校的学科教师有定期交流的固定平台。

活动掠影　以图片的形式展现工作室丰富多彩的系列活动。

名师风采录　直观展现名师先进的教学理念和教学方式，体现名师在教育教学研究方面的价值。

（二）规章制度

会议制度

• 每学期召开一次工作室计划会议，讨论本学期工作室计划，确定工作室成员的阶段工作目标、工作室的教育科研课题及专题讲座内容。

• 每学期召开一次工作室总结会议，安排本学期需展示的成果内容及形式，分享成功的经验、探讨存在的问题。

• 每个月召开一次工作室阶段性研究会议，对工作室研究的主题进行梳理、小结。

学习制度

• 按时学习。工作室成员平时以自学为主，另就某一研究方向的主题每月定期集中学习一次，同时交流学习心得体会。

• 按需学习。工作室成员在每期的自我发展计划中明确学习内容、学习目标，根据目前及今后教育教学改革趋势有选择性地学习。

工作制度

• 名师工作室负责人与工作室每个成员签订协议，在完成工作室研究项目和个人专业化成长方面制订周期发展目标，规定双方职责、权利及评价办法。

• 工作室成员须制定各自具体的进步计划，工作室负责人安排培训过程。

• 工作室成员必须参加工作室布置的带教培训工作，完成工作室的学习、研究任务，并有相应的成果显现，努力实现培养计划所确定的目标。

• 工作室成员积极参加各级各类教学研讨活动。工作室定期开展主题研讨，工作室负责人根据研究方向确定主题，并将研讨成果发在工作室网站上。

• 工作室线上研修平台及电子档案袋资料及时更新，保持一定点击率，以取得更好的交流效果。

• 工作室通过网站发布工作动态、工作室成员论文、专题研究课例设计、典型案例及评析、教育叙事、活动图片等。

活动制度

• 推进“青蓝工程”

大力推进“青蓝工程”，充分发挥工作室骨干教师的传、帮、带示范作用，鼓励青年学员虚心求教，潜心钻研，在吸收中提升，在借鉴中成长，不断提高教育教学水平和科研能力，力争早日形成自己的教学特点和风格。

• 开展“专题研修”

为进一步激发工作室学员深入小学语文探究式学习研究、潜心投入语文课堂教学实践的热情，更快更好地提高教师专业素养，每年组织学员参加各类课堂教学竞赛及各项主题研修，后者包括主题沙龙、主题研磨、主题阅读、主题课题等活动。

• 进行“外派学习”

工作室发展的关键在于学员自身成长，而学员自身成长的关键在于培训。工作室加大投入，定期派优秀学员外出培训学习。

• 抓好“提升工程”

组织工作室成员参加“信息技术应用能力提升工程 2.0”培训任务，组织教师参加湖南省信息技术应用能力提升工程发展测评工作，以实现教师学科教学能力和专业自主发展能力全面提升的目标，使教师更好地为教育教学服务。

考核制度

• 工作室负责人由省名师工作室工作领导小组考核。

• 工作室成员由工作室负责人和小组考核，主要从思想品德、理论提高、管理能力、教育教学能力、研究能力、技能水平等方面考查成员是否达到培养目标；同时按有关程序吸收符合条件、有发展潜力的新成员进入工作室。

档案管理制度

• 建立工作室档案制度，并由负责人管理。

• 工作室成员的计划、总结、听课评课记录、公开课、展示课、教案等材料及时收集、归档、存档，为个人的成长和工作室的发展提供依据。

评价制度

阶段评价

• 阶段考核成绩合格者，进入下一轮实验。

• 阶段考核不合格者，补全缺项任务，进入下一轮实验，并上报名师工作室领导小组备案。

年终评价

• 名师工作室开展教科研活动，由名师工作室领导小组校颁发奖励证书。

• 年终考核不合格者，调离工作室，并上报名师工作室领导小组备案。

评价内容

• 工作室负责人每学期开设培训讲座（报告会、研讨会）不少于 2 次；每学期深入工作室成员所在学校了解情况不少于 1 次；每学年在省级以上刊物发表论文或征文获奖 1 篇以上；工作周期内必须主持并与工作室成员共同完成至少 1 个研究课题。

• 工作室成员每人每学年开设教师校级及以上培训讲座（报告会、研讨会）不少于 1 次；每学年在省级以上刊物至少发表论文或征文获奖 1 篇；至少读 2 本教育专著或文学名著，订阅 2 种以上管理方面的报纸杂志；一学期撰写至少 3 篇课题相关的管理反思、教育案例或教育随笔；每两年必须独立完成或协助主持人完成至少 1 个校级以上研究课题。

三、方法与工具

为实现名师网络工作室的目标，推动“互联网 + 教研”新模式的构建，促进优质教育资源的共建共享，充分发挥工作室的示范引领作用，赋能教育均衡发展，本实验以小学语文名师网络工作室建设为切入点，采用以下研究方法。

行动研究法　从工作室实际出发，通过工作室机制改进，理论联系实际，总结工作室发展的有效路径。

文献研究法　广泛查阅文章，掌握名师网络工作室相关研究资料，并总结和借鉴其研究思路和方法，为本课题研究提供理论依据和参考。

调查研究法　以工作室涉及学校为样本，在教师中开展中一系列问卷及访谈调查。研究前期，总结目前教师参与名师工作室活动普遍存在的问题，了解成员对参与名师网络工作室的需求，为开展课题研究奠定基础。研究中期，发现实施过程中的问题，不断优化本课题研究内容。研究后期，了解实施措施的成效。

案例研究法　不断收集工作室成员的典型课例及相关教学细节，发掘、提炼有效的实施举措，形成策略，予以推广。

小学语文名师网络工作室的建设是实验顺利开展的关键，为保障工作室的有效推进，本实验对工作室的研修模式、研修板块、研修课程、教学资源进行了详尽的设计和开发，具体内容如下。

（一）建立工作室研修模式

（1）研修人员梯队化

名师工作室以知名教育专家为顾问，通过外聘省、市级语文专职教研员为辅导员，从全省招募名优校长、骨干教师，遴选青年教师，形成了工作的三级研修梯队（见图 5-2）。

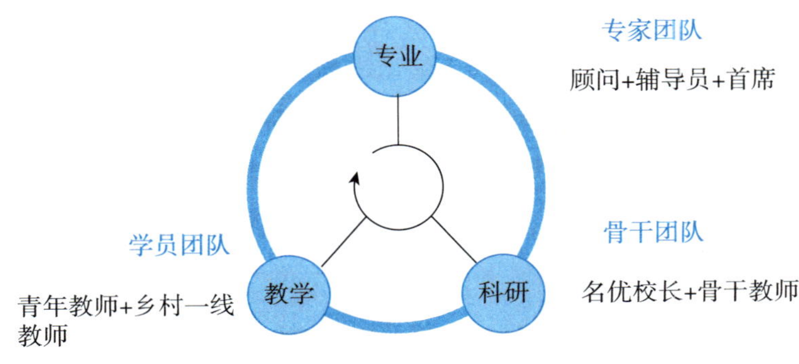

图 5-2　三级研修梯队

在名师工作室的三级研修梯队中，顾问和辅导员是专家团队的核心，他们具有丰富的教育经验和深厚的教育理论功底，能够为名师工作室提供指导和支持。骨干团队是名师工作室的主力军，他们在科研探索中不断提升自己的教学水平和教育能力，为名师工作室的教学研究提供了丰富的经验和实践。学员团队是名师工作室的基础，他们深耕课堂，扎实开展教学研究，不断提高自己的教学水平和教育能力，为名师工作室的发展注入新的活力。通过三级研修梯队的有机结合，名师工作室不断提高教师的教学水平和教育能力，为教师的成长和发展提供更好的教育服务。

（2）双线融合驱动化

工作室以打造高效课堂教学为主攻方向，紧抓课堂教学及其研究，以线上线下相结合的方式进行研修，形成了“双线融合驱动化”模式。

第一线：线上云端共享。工作室依托湖南省智慧教育平台，开启多个专题研修、主题教研活动等，实现工作室内同专题资源共建，区域同学科资源共享。研修教师通过掌控信息、建设信息、交流信息，实现知识融通、课程融通、学科融通，在智慧教育视野下实现教师的智能与人工的智能共生共长。

第二线：线下智慧教育。工作室通过多种形式的线下课堂探究，经过“扶—生本小语课堂—激发探究兴趣”“辅—生本小语活动—教授探究方法”“放—生本小语实践—自主探究创新”三重境界，最终实现教师智慧育人、学生自主探究（见图 5–3）。

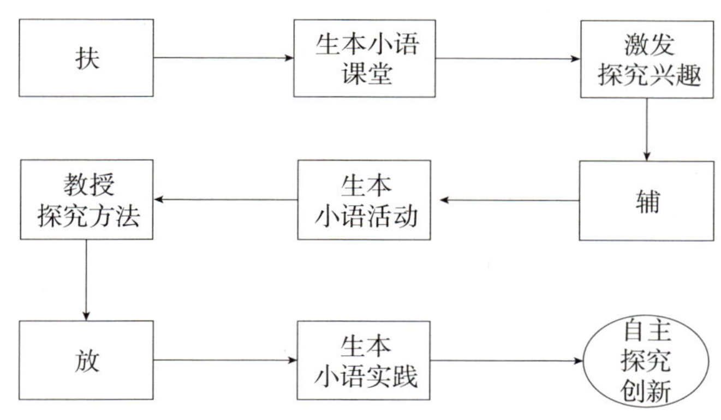

图 5–3 线下课堂探究模式

双线融合驱动化的研修模式互相补充：线上提供理论知识和实践案例，线下提供实际体验和交流机会。如此，名师工作室将更加高效地进行课堂教学研究，提高教师的教学水平和教育能力。

（3）研修形式灵活多样

工作室创建了灵活多样的研修形式，有三个模块的研修形式可供选择。

云端共研，助力教师专业成长。工作室通过在线课程、云端研修、视频会议等工具，实现教师多地域、多维度的远程研修。工作室成员研修在时间和空间上具有灵活性，教师可以在任何时间、任何地点参加研修活动。

主题选修，促进教师深度研修。工作室是一个集体学习和研究的平台，对于促进教师深度研修和提高教育教学质量具有重要作用。工作室成员可以根据自己的实际情况、兴趣爱好和专业特长，自主选择参加的系列主题研修，做到个人研修“专”而“深”。

送培送教，实现平台成果辐射。通过送教下乡、送培到校等多种方式，为工作室成员搭建展示平台，实现研修小组成果的运用与推广。

送教下乡：工作室根据送教学校的需求，进行送教课程的统筹安排。在研课磨课后，工作室组织骨干教师前往乡村学校送培、送教。通过菜单式送教，工作室成员将自己的研究成果和实践经验分享给乡村一线教师，帮助他们解决课堂中真实存在的问题，提升他们的课堂教学水平和教研能力。

送培到校：工作室与贫困地区学校进行合作，建立帮扶对子。为贫困地区学校提供专业的教师培训和指导，提升当地教师的科研能力和实践能力。

搭建平台：为工作室成员搭建展示平台，包括建立网站、开通微信公众号、举办展览会等形式，让更多的人能够共享成果。

送培送教是一种非常有效的方式，可以为工作室成员提供更多的展示和学习机会，同时也可以将成果推广给更多的人群，也为工作室的发展和壮大提供了更广阔的空间。

（二）定制工作室研修板块

工作室以“理论”“实践”两大板块，通过“双线”并行的运行模式助推研修教师专业发展（见图 5–4）。

“理论”板块以“课题群”研究方式进行。课题群申报省级课题，各研修小组自主申报系列子课题来推动所有成员进行学术研究，培养研究型教师。

“实践”板块以“1+N 研修群”方式进行。16 个小组分别由“1 支主题学科团队 +N 名工作室青年教师 + 省内贫困地区有强烈发展意愿的乡村教师”组成，组内开展基于课堂教学的热点问题、课堂难点等主题研究。

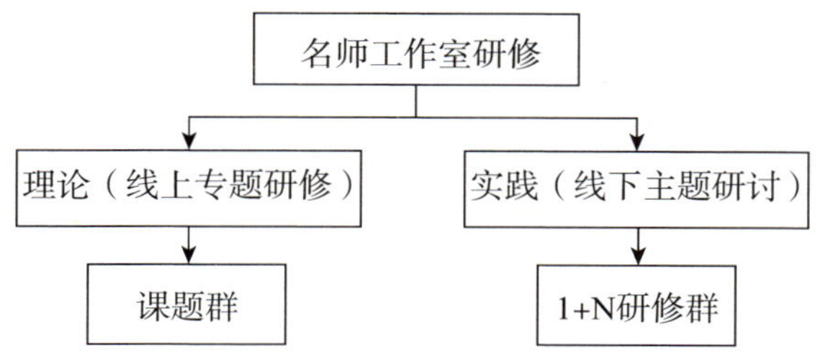

图 5–4 “双线”并行运行模式

（三）开发工作室研修课程

研修课程基于“理论”“实践”两大板块，从三个方面开展研究，一是“互联网 +”条件下课堂教学模式创新实践研究（见图 5–5），二是名师网络工作室构建与创新应用研究，三是人工智能技术助推教师队伍建设策略研究。

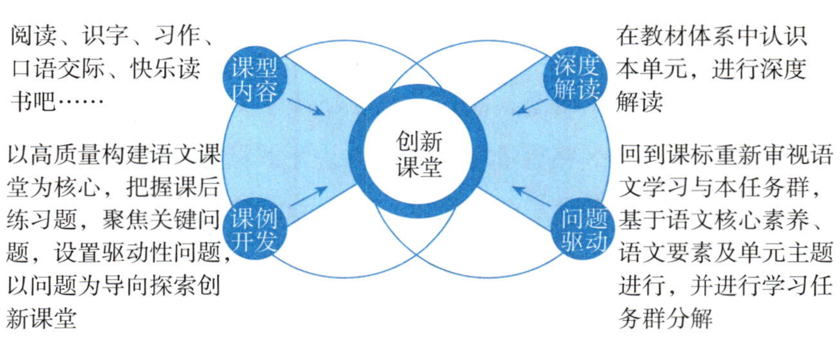

图 5–5 创新课堂教学模式

工作室开设“线上”“线下”两个系列研修课程。“线上研修课程”开设“名家引领”“评课议课”“话题研讨”“专题研修”四个栏目；“线下研修课程”则以“骨干示范”“青年教师成长”“送培送教”三种形式进行（见图 5–6）。

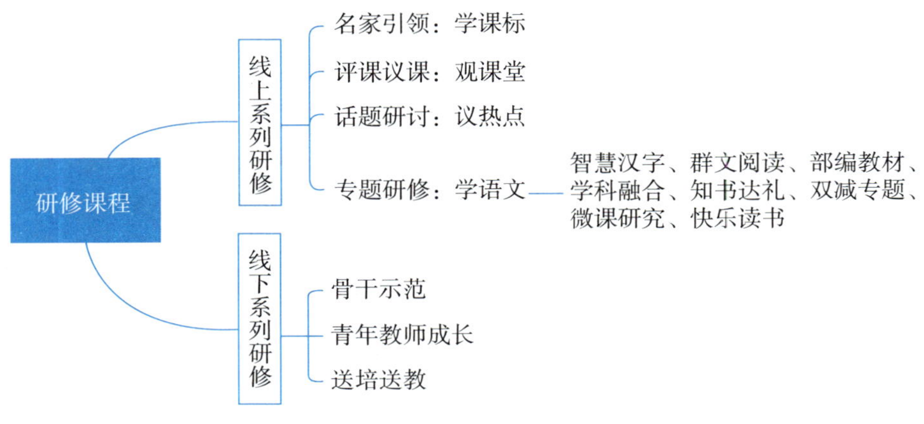

图 5–6　线上线下研修课程

（四）开发工作室教学资源

（1）成套教学资源开发

工作室自主开发与教材配套的五六年级成套精品课资源。其中六年级语文上册成套精品课资源已录制 42 节。

（2）其他数字资源开发

工作室上传示范课 18 节，观看人数达 1500 多人次，下载量达 100 多次；开发教研课 17 节，播放量达 1200 多次，下载量达上百次；开发教研资源 1212 个，观看总量达千余人次，下载使用点赞数非常可观。

湖南省智慧教育平台自建立名师网络工作室以来，共上传资源 2983 份。其中原创资源 2442 份，占总资源的 81.86%；二次加工资源 277 份。

四、结果与反馈

（一）构建了名师网络工作室“互联网＋教研”的模式

本实验以湖南省小学语文名师网络工作室为载体，在知名教育专家、省市级语文专职教研员、名优校长、骨干教师、青年教师等多团队的支撑下，建立了基于“线上＋线下”的“双线融合驱动化”模式，为教师提供云端共研、主题选修、送培送教等服务，助力了教师的专业成长，促进了教师的深度研修，推动了成果大范围地辐射和传播。

（二）设立了“理论＋实践”“双线”并行的研修板块

“理论”板块以线上专题研修的方式进行，在“课程群”中进行；“实践”板块以线下主题研讨的方式进行，围绕热点和难点问题进行讨论。经过两年多的研修实践，工作室汇集了一批典型优秀案例，为名师网络工作室的研修提供了实践经验和路径参考。

（三）开发了多种数字教学资源，并取得显著成效

工作室开发的优质教育教学资源，得到了教师们的喜爱，使用量持续上升。多个教师团队在湖南省人工智能条件下教育社会实验成果展示交流活动“人工智能创新课”直播展示精品课评比、长沙市中小学智慧课堂创新教学大赛评比活动等活动中获得奖项。

工作室依托优质数字教学资源，让学校教育上了一个新的台阶。未来，工作室将继续打造好精品课程，完善优质数字教学资源，做智慧的教育，育智慧的学生。

（四）获得了教师的一致好评，促进教师专业发展

湖南省小学语文名师网络工作室开展的研修活动充分发挥了示范、引领和带头作用，为教师专业成长提供学习平台。下面是部分教师的研修心得：

非常荣幸加入工作室，昨天与全省一百多位优秀的小语同人共守云端，聆听工作室专家解读研讨方案，领略诸位风采，坚定了我前进的脚步和方向。感谢工作室的专家名师搭建这样一个引领共进的平台，相信在这个团队里各位同人都可以寻找到更好的自我！

感谢这个平台让我们云相聚在一起，一个人可以走得很快，一群人会走得更远。通过学习，我更加明白作为青年教师，在教学之路上还有很多需要成长的地方，很幸运能有机会在这个平台向各位专家、名师学习。在未来的学习时间里，乘风破浪、一往无前！

第四节　云南沧源县普惠式编程教育探索实验

一、目的与假设

编程教育是激发学生主动学习、培养学生创造思维的有效途径

编程教育是通过编程游戏启蒙、可视化图形编程等课程，培养学生的计算思维和创新解难能力的课程。当前，编程教育在全球范围内已引起人们的重视，并被认为应该像传统学科一样加入学生基本素养要求，从中小学阶段开始培养[①]。2017年，国务院发布的《新一代人工智能发展规划》提出，广泛开展人工智能科普活动，实施全民智能教育项目，在中小学阶段设置人工智能相关课程，逐步推广编程教育，鼓励社会力量参与寓教于乐的编程教学软件、游戏的开发和推广。北京、山东、浙江等多个省市纷纷出台了政策，在部分中小学试点开设人工智能课程，将编程教育纳入信息技术考试的内容。

研究表明，编程教育是培养儿童计算思维的重要途径。2006年，周以真将计算思维定义为“一种运用计算机科学基本概念求解问题、设计系统和理解人类行为的方式”[②]。计算思维指向对开放、复杂问题解决方案的系统分析、探索和测试，不仅对儿童形成有效的计划能力、批判性思维和

① 李玉阁，刘军．国内中小学编程教育研究现状分析［J］．中国现代教育装备，2018（8）：26–29.

② WING J M. Computational thinking［J］. Communications of the ACM，2006，49（3）：33–35.

问题解决能力至关重要，也对儿童阅读、写作、数学和社会情感等学科学习具有广泛影响，被视为“21 世纪新素养”，是 21 世纪学生应该具备的关键能力之一。在计算思维培养上，编程教育以其特有的逻辑思维和创新能力培养的潜能成为使用最多、至关重要的方式。[①]

探索边境县域普惠式编程教育，有助于实现平等和公正为导向的教育改革发展创新

云南沧源县曾是国家级贫困县，于 2019 年 5 月宣布摘掉了国家级贫困县的帽子。全县的整体教育基础、教学环境、师资力量，都难和发达地区相比。主管教育的副县长杨金勇说：“科技是最具有创造性思维和逻辑性思考的，而办好教学的路径，选择之一就是用信息化助力弯道超车，用科技给孩子们打开更大的世界。”

如何推动学习方式变革是关键。在数学、英语等传统学科中，以教师讲授为主、学生被动学习的教学方式短期内很难改变。结合对教育现状、人工智能趋势、可获取资源的综合分析，沧源县选择了编程教育作为帮助沧源教育实现跨越式进步的一个重要切入点，开展全县范围中小学普惠式编程教育探索。

目前，我国已经出台了一系列文件，明确将编程教育纳入中小学信息技术课程体系，并要求各地区学校提供编程教育课程。国家设立了多个基金项目支持边远地区的编程教育，这些资金可以用于购置教学设备、培训教师、开展学生编程培训等。各地政府通过加强与高校、科研机构的合作，提供编程教育师资培训、教材编写等支持，提高边远地区教师的编程教育水平；通过购置计算机、编程软件和网络设备等基础设施，为边远地区学校提供必要的编程教育工具；通过远程教育平台和在线教育资源，组

① 高宏钰，李玉顺，代帅，等. 编程教育如何更好地促进早期儿童计算思维发展：基于国际实证研究的系统述评 [J]. 电化教育研究，2021，42（11）：121–128.

织远程培训，为边远地区教师提供编程教育的学习和交流机会。同时，政府鼓励优质教育资源的共享，让边远地区学生也能够受益于优质编程教育资源，缩小教育差距，推动边远地区的教育公平与发展。

二、环境与组织

从 2018 年 11 月开始，沧源县自上而下启动了全县范围统筹推进的编程教育全覆盖行动。在该项行动中，通过县域推动、项目带动、企业拉动、学校主动的“四动”机制，形成了政府、社会、企业、学校的组织合力。编程教育普及行动覆盖全县范围中小学，包括从县城直属小到村小。各个学校的教师 / 管理者、学生以及家长群体，是该项行动的参与主体和应用主体，接受教育局领导和专家的指导。通过开展教师培训，各校培养了一批编程教育教师，成为该项行动师资的中坚力量。同时，沧源县积极整合了多个机构、企业的技术装备和课程资源。

三、方法与工具

沧源县在推进编程教育全县普及的行动中，充分调动了政府、社会、企业、学校的力量，通过机制创新盘活了整个链条上的教育资源。①

县域推动层面，沧源县教育体育局通过下发文件、召开推进会等方式，对开展普惠性编程教育进行顶层设计与战略规划，制定具体的工作方案和实施路线。

① 杨金勇 . 县城普惠式创客教育实施模式与推进机制研究：以云南省沧源县为例 [J]. 中国电化教育，2021（5）：118–123.

项目带动层面，借力脱贫攻坚和乡村振兴对沧源县进行资源帮扶，沧源县实施了 6 个项目，实现了创客空间技术环境和应用实践在县域范围内的全覆盖。

企业拉动层面，沧源县先后获得了多家行业企业支持，企业通过开展教育捐赠和送培服务，有力支撑了空间环境、技术装备、师资培养、课程资源的全方位建设。

学校主动层面，各校积极主动开展编程教育教学实践探索，探索具有校本特色、多样化的编程教育教学模式。

四、结果与反馈

（一）破解边远地区的现实挑战，探索形成普惠式编程教育实施模式

在沧源县全县范围开展普惠式编程教育，需要投入更多资源，对各方面条件的要求也更高，包括支撑编程教育实施的空间环境与技术装备、可胜任编程教育教学的师资以及体系化的编程教育课程资源等，这些都是沧源县在全县范围中小学普及编程教育需要面临的挑战。

通过机制创新和实践探索，沧源县探索形成了独特的具有借鉴意义的普惠式编程教育实施模式。普惠式编程教育立足三个基本支撑，分别是数字化学习共享空间、教学教研共同体和校本课程与资源。普惠式编程教育开课形式包含四个基本层次，即大班编程课、小班人工智能课、兴趣社团和竞赛交流，构成了一个“点面结合、金字塔式”的结构，既实现了面向全体学生的普惠教育，又兼顾了资质优良学生的特殊发展需求。

（二）编程教育普及行动，为师生打开了一扇通往人工智能世界的大门

编程推进之路并非一帆风顺，面对升学压力，编程教育在几乎零基础的沧源县普及开展面临着来自家长甚至教师的阻力。在 2019 年最初开设创客兴趣小组时，多数家长们就不鼓励孩子去，他们担心编程影响考学成绩，也担心上课就是“玩电脑”“玩游戏”。学校里 90% 的老师对这个兴趣小组不看好，担心会影响学生的考试成绩，有些班主任甚至禁止了班上的孩子去兴趣小组。这些教师的担忧无可厚非，因为对他们来说，考试成绩是唯一考量标准。

然而，编程教育的普及开展，在边远地区是非常宝贵、稀缺的机会。3 年多来，在教师们的不懈努力下，编程教育为学生们打开了一扇通往人工智能世界的大门，激发了孩子们的好奇和学习热情，促进了孩子获得成长的自信和快乐。

“编程就像搭积木，把一个个不同颜色的编程积木组合在一起。”编程让孩子们觉得很有成就感，有的孩子说：“接触了编程课以后，我觉得找到了一个懂我的朋友。它让我变得自信，让我爱上了学习，而且通过编程课，我结识了很多朋友。”

第六章

结语

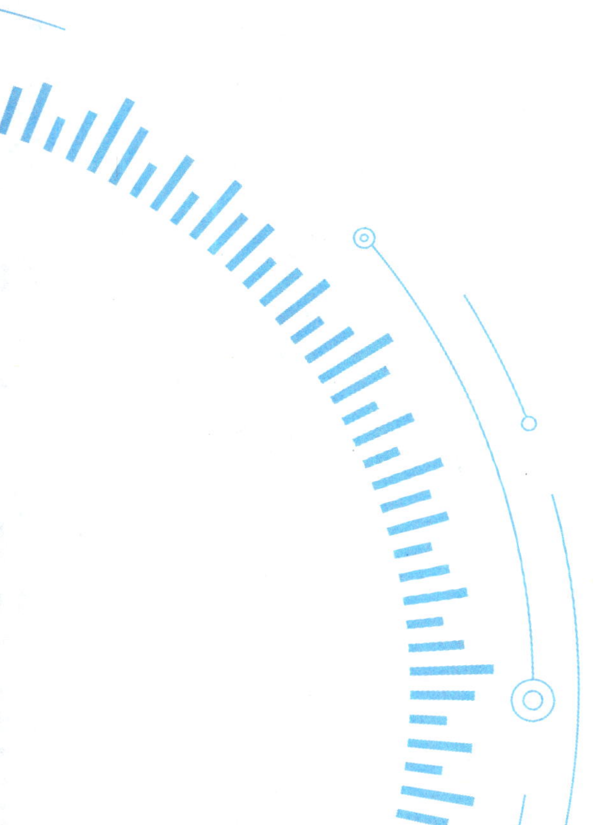

第一节 人工智能教育实验与数字经济

在信息化智能时代，应当善用现代教育技术手段，努力探索虚拟现实等新媒体、新技术在教育教学改革中的应用。

例如，江西新余学院已经创作、整理了100多个虚拟现实红色作品。获得了6项省级及以上科研项目和3项软件著作权，也发表了一批理论研究成果。学生可以在虚拟现实实训室的编辑平台上，创作、整理本土化的虚拟现实红色资源，以建设较完整的虚拟现实教学场景素材库，为虚拟现实思政教学改革方案提供成熟的支持。

不仅爱国主义教育，各类型体育运动、艺术创作、劳动体验等都可以在人工智能为代表的数字技术赋能下鲜活起来。在实现育人目标的同时，通过社会实验的路径，探索带动教育装备、教学软件等产业经济发展的可持续路径，也是数字经济的重要构成要素。

第二节　人工智能教育实验与数字科技

一、发现潜在问题和风险

在人工智能教育实验过程中，可以发现技术应用中可能存在的问题和风险，比如数据隐私保护、算法图像倾向性等。行为计算提供了一种新的研究途径和方法，可以通过对数据的挖掘和分析，实现对个体行为的深度理解和精准预测。一些预警系统通过实时监测个体网络行为，建立相应的行为特征模型，对风险行为进行及时追踪和预测（见图 6–1）。

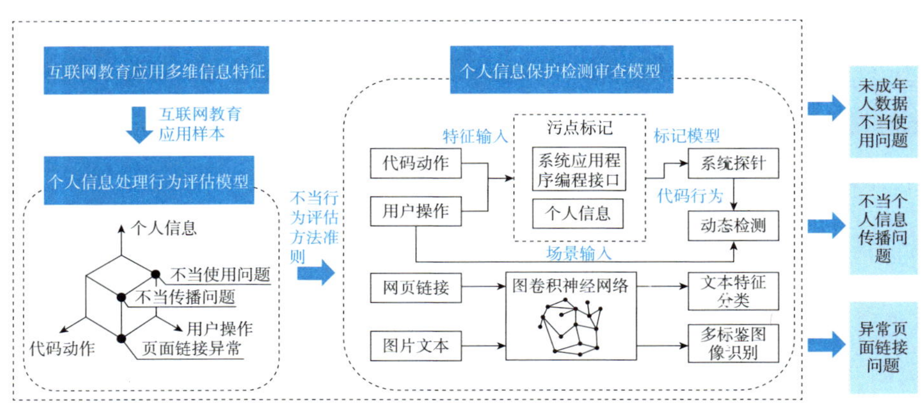

图 6–1　个人信息保护检测审查模型

二、汇聚广域可信的互联网教育应用公共数据集

广域可信的数据集可以为研究者、教育机构和企业提供大量的教育数据样本，支持人工智能教育技术的研究和开发，从而提高教育质量和效果。公共数据集可以收集、整理、标记来自不同领域的数据，包括学生的在线行为、教学资源、学校教育管理数据等，从而为研究人员提供更全面、实际的数据来源，提高模型的有效性和实用性。在数据集的建设过程中，需要注重数据的隐私和安全保护，确保数据集的可信度和真实性。

三、推动技术标准化和规范化

加强对技术应用的约束和规范，有助于人工智能教育的可持续发展和规模化示范应用。通过指导性测评，提出新技术实验的监测和升级标准，推动改进和健全技术标准体系，使技术环节中的基础工作更为严格化和标准化。例如，以认知诊断系统为技术验证工具，覆盖学段、学校和区域代表性的实施范围，追踪 10 万名以上学生使用互联网教育应用时的认知发展动态，形成认知发展诊断评估报告，探求符合教育规律的互联网教育应用开发规范、使用规则和治理流程（见图 6–2）。

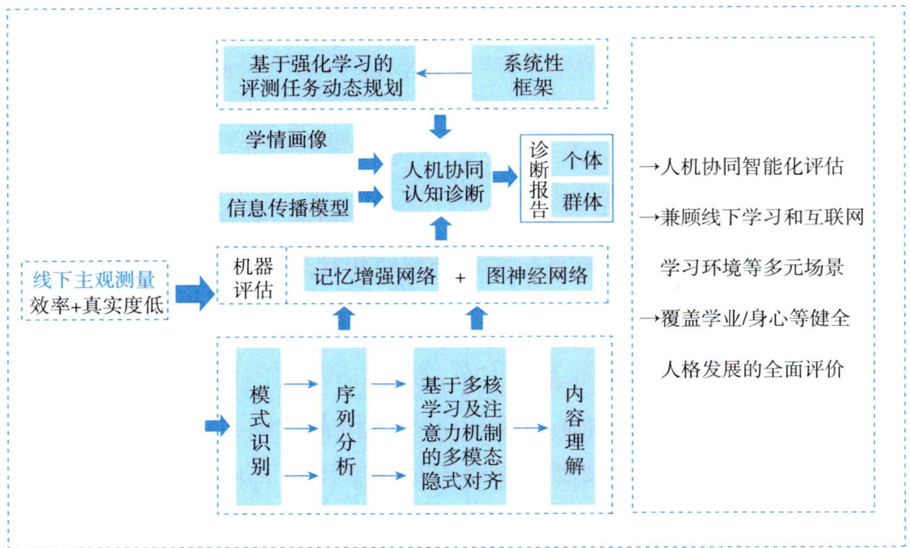

图 6-2　人机协同认知诊断治理流程

第三节 人工智能教育实验与数字人文

人工智能教育实验可以帮助边远学校获取优质的教育资源，打破地域、时间、语言等限制，实现教育公平和普惠。例如，通过双师课堂、人工智能课堂等模式，边境学校的师生可以与国内外的优秀教师和学生进行在线互动和学习。

人工智能教育实验可以提升师生信息素养和跨文化交流能力，拓宽其国际视野和多元思维。例如，学校的师生可以与来自不同地区和文化背景的学生及其家庭进行沉浸式的跨文化交流，增进了解。

人工智能教育实验可以激发边远学校的师生对当地乡村文化的认同和传承，同时展示当地乡村文化的魅力和价值。例如，通过利用云计算、虚拟现实等技术，学校的师生可以开发和分享反映当地乡村文化特色的数字化教育资源，与其他地区的师生进行文化交流。

第四节　人工智能教育实验与数字伦理

人工智能教育实验需要注意以下几种伦理风险，并采取相应的措施促进伦理规范，保护用户权益。

第一，数据隐私风险。人工智能教育实验涉及大量的个人信息和教育数据的收集、处理、使用和共享，可能导致数据泄露、滥用、窃取等问题，侵犯个人隐私权和数据权益。为此，应遵守相关法律法规，依据合法、正当、必要和诚信原则处理个人信息和教育数据，保障数据的安全性、合法性和可控性。

第二，算法偏见风险（见图 6–3）。人工智能教育实验依赖于算法的设计、实现和应用，可能存在算法偏见或歧视的问题，影响教育公平和正义。例如，算法可能基于不完整或有偏差的数据进行学习和推理，导致对学生的评价、分组、推荐等不公正或不准确。为此，应加强算法的透明性、可解释性、可理解性、可靠性和可控性，增强人工智能系统的韧性、自适应性和抗干扰能力，避免可能存在的数据与算法偏见。

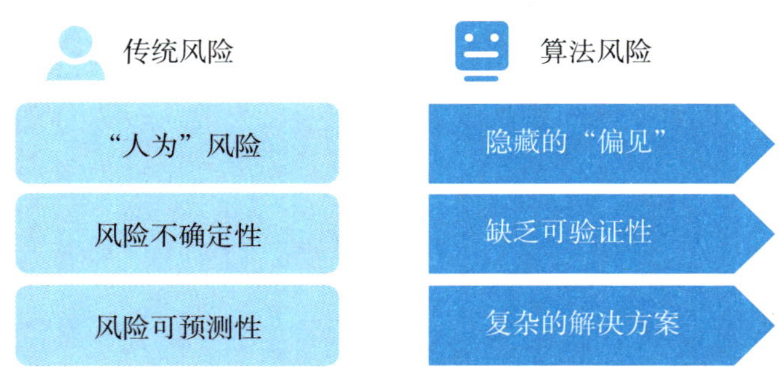

图 6–3　算法偏见风险

第三，人文情感风险。人工智能教育实验可能改变传统的师生关系和教学方式，影响师生之间的情感交流和人文关怀。例如，人工智能教育实验可能使师生之间的互动减少或变得机械化，削弱师生之间的信任和尊重。为此，应坚持以人为本，尊重学生的个性差异和主体地位，保持师生之间的真诚沟通。

推荐阅读

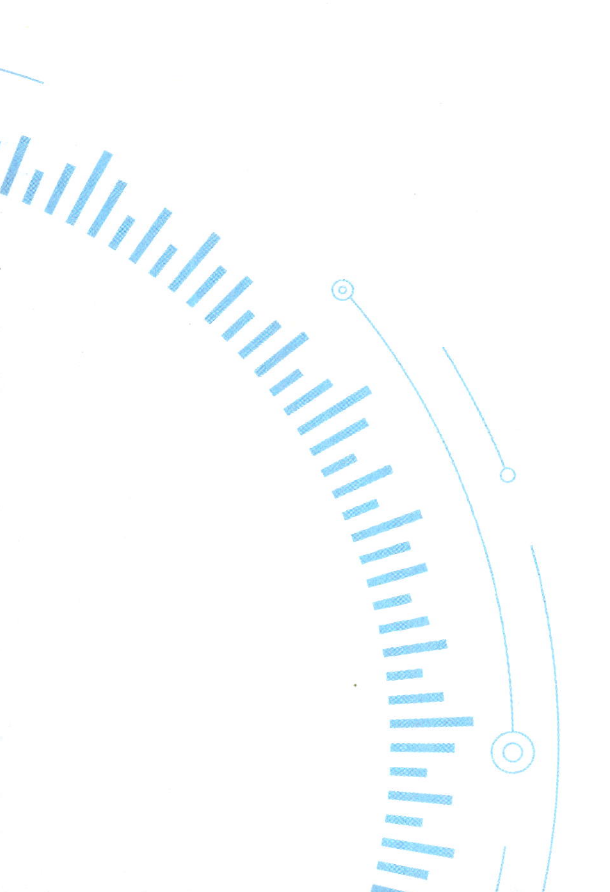

白雪梅，顾小清，尹欢欢，等 . 数据驱动精准教学：实践路径、感知理解与现实困境 [J]. 电化教育研究，2022，43（4）：77–84.

蔡慧英，董海霞，陈旭，等 . 如何建设未来学校：基于智能教育治理场景的前瞻与审思 [J]. 华东师范大学学报（教育科学版），2022，40（9）：45–54.

曾海军，张钰，苗苗 . 确保人工智能服务共同利益，促进教育系统变革：《人工智能与教育：政策制定者指南》解读 [J]. 中国电化教育，2022（8）：1–8.

柴唤友，陈丽，郑勤华，等 . 学生综合评价研究新趋向：从综合素质、核心素养到综合素养 [J]. 中国电化教育，2022（3）：36–43.

陈丽，谢浩，郑勤华 . 我国教育现代化视域下终身学习的内涵与价值体系 [J]. 现代远程教育研究，2022，34（04）：3–11.

褚宏启 . 教育治理研究亟待深化 [J]. 中国教育学刊，2022（8）：7.

杜华，顾小清 . 智能时代的知识图景：人工智能引发知识观重塑 [J]. 现代远程教育研究，2022，34（04）：47–54.

顾小清 . 教育信息化步入数字化转型时代 [J]. 中小学信息技术教育，2022（4）：5–9.

顾小清，杜华，彭红超，等 . 智慧教育的理论框架、实践路径、发展脉络及未来图景 [J]. 华东师范大学学报（教育科学版），2021，39（8）：20–32.

顾小清，李世瑾 . 构建研究与实践共同体：以 AIED 研究联盟推进人工智能全方位赋能 [J]. 中国教育信息化，2022，28（6）：46–53.

顾小清，李世瑾 . 人工智能促进未来教育发展：本质内涵与应然路向 [J]. 华东师范大学学报（教育科学版），2022，40（9）：1–9.

郭利明，郑勤华 . 互联网推动教育服务供给变革：需求变化、转型方

向与发展路径 [J]. 中国远程教育，2021（12）：21–27，62，76–77.

郝祥军，顾小清 . 技术促进课程创新：如何走向教育公平 [J]. 中国电化教育，2022（6）：71–79.

郝祥军，顾小清，王欣苗 . 缓和技术与教育的融合争议：教育中的技术社会实验 [J]. 现代远距离教育，2022（4）：42–50.

郝祥军，顾小清，张天琦，等 . 人机协同学习：实践模式与发展路向 [J]. 开放教育研究，2022，28（4）：31–41.

黄璐，郑永和 . 人工智能教育发展中的问题及建议 [J]. 科技导报，2018，36（17）：102–105.

黄荣怀 . 国际教育信息化发展的十大趋势 [N]. 中国科学报，2014–10–24（7）.

黄荣怀 . 黄荣怀 人工智能变革教育已成全球共识 [J]. 中国教育网络，2019（6）：28–29.

黄荣怀 . 人工智能促进教育发展的核心价值 [J]. 中小学数字化教学，2019（8）：1.

黄荣怀 . 智慧教育促进教育系统变革 [J]. 中国教育网络，2019（9）：74–75.

黄荣怀 . 信息化环境下的课堂教学变革 [J]. 教育与教学研究，2021，35（3）：1–2.

黄荣怀 . 论科技与教育的系统性融合 [J]. 中国远程教育，2022（7）：4–12，78.

黄荣怀，陈丽，田阳，等 . 互联网教育智能技术的发展方向与研发路径 [J]. 电化教育研究，2020，41（1）：10–18.

黄荣怀，杜静 . 面向新一代学习者的教育教学创新路径探究 [J]. 中国教育学刊，2017（9）：29–33.

黄荣怀，虎莹，刘梦彧，等．在线学习的七个事实：基于超大规模在线教育的启示［J］．现代远程教育研究，2021，33（3）：3–11.

黄荣怀，李敏，刘嘉豪．教育现代化的人工智能价值分析［J］．国家教育行政学院学报，2021（9）：8–15，66.

黄荣怀，刘德建，刘晓琳，等．互联网促进教育变革的基本格局［J］．中国电化教育，2017（1）：7–16.

黄荣怀，田阳．发展智慧教育须着眼于教育生态的整体发展［J］．教育家，2020（2）：20–21.

黄荣怀，汪燕，王欢欢，等．未来教育之教学新形态：弹性教学与主动学习［J］．现代远程教育研究，2020，32（3）：3–14.

黄荣怀，王运武，焦艳丽．面向智能时代的教育变革：关于科技与教育双向赋能的命题［J］．中国电化教育，2021（7）：22–29.

黄荣怀，张慕华，沈阳，等．超大规模互联网教育组织的核心要素研究：在线教育有效支撑“停课不停学”案例分析［J］．电化教育研究，2020，41（3）：10–19.

黄蔚，张东，曾海军，等．教育信息化的国际趋势与启示［N］．中国教育报，2016–07–08（5）.

纪元，郭子超．我国基础教育治理现代化的特征、成就与推进路向［J］．天津师范大学学报（基础教育版），2022：1–6.

李锋，顾小清，程亮，等．教育数字化转型的政策逻辑、内驱动力与推进路径［J］．开放教育研究，2022，28（4）：93–101.

李世瑾，王成龙，顾小清．人工智能教育治理：逻辑机理与实践进路［J］．华东师范大学学报（教育科学版），2022，40（9）：55–66.

李小文，童莉莉，李荣禄．数字时代大规模移动学习平台的构建与应用：基于 PMKS 框架的研究［J］．中国电化教育，2018（3）：60–65.

李璇律，丁念金．数字治理的教育“数据化”危机：出场、运作与转化［J］．中国电化教育，2022（9）：16–23.

刘军，曾海军．智慧教育如何培养“原创”［J］．中国教育网络，2020（11）：7–8.

卢宇，章志，王德亮，等．可解释人工智能在教育中的应用模式研究［J］．中国电化教育，2022（8）：9–15，23.

雒亮，祝智庭．循环共生：数字中国愿景下的教育信息化新生态［J］．电化教育研究，2022，43（01）：54–62.

吕明杰，施高俊，杨俊锋．产业视角下的智能在线教育：现状、问题及治理［J］．中国教育信息化，2021（23）：6–11，84.

潘海生，李阳．从管理到治理：我国职业教育治理的变迁逻辑与未来走向［J］．高等工程教育研究，2022（5）：128–132，138.

邱勤，路晓明，童莉莉，等．5G 智慧校园的网络安全需求与智能解决方案研究［J］．人工智能，2022（2）：57–67.

邵晓枫．20 世纪以来中国两次社会教育实验高潮：回顾、反思与展望［J］．终身教育研究，2020，31（6）：51–60.

申国昌，贺鹏丽．教育治理体系下落实“双减”政策：价值内涵、行动逻辑与运作机制［J］．现代教育管理，2022（8）：21–28.

苏竣．预判人工智能社会风险建设人文智能社会：关于《探路智慧社会：人工智能赋能社会治理》［J］．审计观察，2022（5）：94–96.

苏竣，魏钰明，黄萃．社会实验：人工智能社会影响研究的新路径［J］．中国软科学，2020（9）：132–140.

谭轹纱，范卿泽．论循证教学的发展向度和功能限度［J］．当代教育科学，2022（2）：41–49.

田阳，徐晶晶，童莉莉，等．教育均衡视域下中小学校长信息素养提升研究：以“三区三州”培训为例［J］. 电化教育研究，2020，41（6）：113–119.

童莉莉，李荣禄，闫强 . 在线知识社群中的意见领袖识别模型研究［J］. 中国电化教育，2019（3）：97–103.

童莉莉，周伟，张鹏 . 5G 技术促进教育公平的理论模型与实现路径研究［J］. 中国电化教育，2020（12）：131–135.

王怀波，柴唤友，郭利明，等 . 智能技术赋能学生综合素养评价：框架设计与实施路径［J］. 中国电化教育，2022（8）：16–23.

王一岩，郑永和 . 智能时代的人机协同学习：价值内涵、表征形态与实践进路［J］. 中国电化教育，2022（9）：90–97.

肖菊梅，韦恩远 . 数字时代乡村教育治理的复合语境、现实困境及优化路径［J］. 当代教育科学，2022（7）：88–95.

徐林 . 基于大数据的乡村教育治理路径与策略［J］. 河南教育（高等教育），2022（7）：16–18.

徐亚倩，陈丽，郑勤华，等 . 互联网推动教育理论与学术创新的主要方向：“互联网 + 教育”创新发展的理论与政策研究（五）［J］. 电化教育研究，2022，43（5）：5–10，25.

晏梦灵，陈丽萍，景楚飞，等 . 在线教育平台如何实现学习者价值主张？基于沪江的单案例研究［J］. 北京邮电大学学报（社会科学版），2019，21（4）：96–106，116.

杨俊锋，施高俊，庄榕霞，等 . 5G+ 智慧教育：基于智能技术的教育变革［J］. 中国电化教育，2021（4）：1–7.

杨盼，王沐阳 . 技术赋能时代高等教育治理的逻辑转向、核心要义与创新路径［J］. 黑龙江高教研究，2022，40（8）：1–6.

于雪，李伦 . 人工智能社会实验的伦理关切［J］. 科学学研究，2023

（4）：577–585.

余胜泉.在线教育与未来学校新生态［J］.中小学数字化教学，2020（4）：5–8.

余胜泉.数据赋能的未来教育评价［J］.中小学数字化教学，2021（7）：5–10.

余胜泉，陈璠.智慧教育服务生态体系构建［J］.电化教育研究，2021，42（6）：5–13，19.

余胜泉，陈璠，李晟.基于5G的智慧校园专网建设［J］.开放教育研究，2020，26（5）：51–59.

余胜泉，刘恩睿.智慧教育转型与变革［J］.电化教育研究，2022，43（1）：16–23，62.

余胜泉，汪丹，王琦.大规模社会化协同的教育服务变革［J］.电化教育研究，2020，41（4）：5–12.

俞鼎.治理与创新的协同："实验社会"的实践性探析［J］.自然辩证法研究，2021，37（2）：51–56.

俞鼎，李正风.社会实验、科技治理与反思性发展［J］.科学学研究，2022，40（12）：2113–2119.

袁振国.数字化转型视野下的教育治理［J］.中国教育学刊，2022（8）：1–6，18.

查建国，陈炼.推进新时代教育治理现代化［N］.中国社会科学报，2022–08–10（1）.

张乐乐，曾海军.我国智慧教育示范区创建路径的案例研究［J］.现代教育技术，2021，31（9）：71–77.

张正清，王娜.构建以技术社会实验为导向的新型举国体制［J］.云南社会科学，2022（4）：37–47.

郑永和，王杨春晓，王一岩．智能时代的教育科学研究：内涵、逻辑框架与实践进路［J］. 中国远程教育，2021（6）：1–10，17，76.

朱嘉文，顾小清．打通“数据孤岛”实现数据互联互通［J］. 教育传播与技术，2022（4）：3–8.

朱筠，余胜泉，赵尔迪．新技术如何赋能智慧教育好未来［N］. 人民邮电，2020–05–29（6）.

祝智庭．智慧教育引领未来学校教育创变［J］. 基础教育，2021，18（2）：5–20.

祝智庭．教育数字化转型的内在逻辑与实践方略［J］. 中国教育信息化，2022，28（6）：3–4.

祝智庭，胡姣．教育智能化的发展方向与战略场景［J］. 中国教育学刊，2021（5）：45–52.

祝智庭，胡姣．教育数字化转型的本质探析与研究展望［J］. 中国电化教育，2022（4）：1–8，25.

祝智庭，胡姣．教育数字化转型的理论框架［J］. 中国教育学刊，2022（4）：41–49.

祝智庭，胡姣．教育数字化转型的实践逻辑与发展机遇［J］. 电化教育研究，2022，43（1）：5–15.

祝智庭，彭红超．技术赋能智慧教育之实践路径［J］. 中国教育学刊，2020（10）：1–8.

祝智庭，许秋璇，吴永和．教育信息化新基建标准需求与行动建议［J］. 中国远程教育，2021（10）：1–11，76.

庄榕霞，杨俊锋，黄荣怀．5G 时代教育面临的新机遇新挑战［J］. 中国电化教育，2020（12）：1–8.

CRAWFORD K，CALO R. There is a blind spot in AI research［J］.

Nature，2016，538（7625）：311–313.

HARRISON G W ，LIST J A. Field experiments[J].Journal of Economic Literature，2004，42（4）：1009–1055.

MOHR Z T.Experiments in public management research：challenges and contributions[J].Public Administration Review，2019，79（2）：286–289.

PERRY J，PERRY E. Contemporary society：An introduction to social science[M]. New York：Routledge，2016.

UNESCO. Reimagining our futures together：A new social contract for education[R].France：UNESCO，2021.